「创造最有价值的阅读」

“阅读力”指导专家委员会

顾　问： 朱永新

主　任： 曹文轩

成　员：（以姓氏笔画为序）

王土荣　方卫平　朱芒芒　刘克强　杜德林
何立新　张伟忠　张祖庆　周其星　周益民
胡　勤　顾之川　倪文尖　黄华伟　梅子涵
章新其　蒋红森　滕春友

丛书主编： 曹文轩

本书编写人员： 娄　沂

丛书统筹： 王晓乐

丛书统筹助理： 罗敏波

名 著 阅 读 力 养 成 丛 书

孙子兵法直解

◆ 肖尚兵 赵爱萍 校注

图书在版编目(CIP)数据

孙子兵法直解 / (春秋) 孙武著;肖尚兵 赵爱萍校注.
—杭州:浙江文艺出版社,2021.1
(名著阅读力养成丛书)
ISBN 978-7-5339-6210-4

Ⅰ.①孙… Ⅱ.①孙… ②肖… ③赵… Ⅲ.①兵法-中国-春秋时代 ②《孙子兵法》-研究 Ⅳ.①E892.25

中国版本图书馆CIP数据核字(2020)第162669号

责任编辑 余文军
装帧设计 吕翡翠
责任校对 陈 玲
责任印制 张丽敏

孙子兵法直解

〔春秋〕孙武 著 肖尚兵 赵爱萍 校注

出版 浙江文艺出版社
地址 杭州市体育场路347号
邮编 310006
网址 www.zjwycbs.cn
经销 浙江省新华书店集团有限公司
制版 浙江新华图文制作有限公司
印刷 杭州杭新印务有限公司
开本 710毫米×1000毫米 1/16
字数 130千字
印张 8.25
插页 2
版次 2021年1月第1版
印次 2021年1月第1次印刷
书号 ISBN 978-7-5339-6210-4
定价 24.00元

团购电话:0571-85064309

出版说明

阅读不仅关乎个人的素养和语文教育的水平，也关乎整个社会的风尚和文明的品质。从2016年9月起，全国中小学陆续启用了教育部统编语文教材。统编教材特别重视阅读，加强了阅读设计，鼓励学生通过大量阅读来提升语文素养，提高阅读能力和阅读水平。语文学习要建立在广泛的课外阅读的基础上，已经成为越来越多的人的共识。

我社以文学立社，出名著，出精品，几十年来在古典文学、现当代文学、外国文学、儿童文学等领域积累了大量的资源和优秀的版本。从2003年起就陆续推出“语文新课标必读丛书”，为中小学生的名著阅读助力，深受欢迎。随着统编语文教材的使用，我社面向师生做了大量的教材使用调研，多次邀请并集聚读书界、语文教育界、文学界、出版界等领域的专家把脉会诊，群策群力，为中小学生和老师们精心策划、精心编辑，推出了这套“名著阅读力养成丛书”。

这套丛书收录中小学语文课程标准和统编语文教材推荐阅读书目，不仅收录小学“快乐读书吧”和初中“名著导读”中推荐阅读书目，而且配合“1＋X”群文阅读设计，收录课文后要求阅读的作家作品，共计百余种，基本满足中小学生的阅读需要。

该丛书由曹文轩先生担纲主编，延请一线教学名师，对入选的每一部作品编写有针对性的阅读指导方案，介绍作家作品和创作特色，提出合理的阅读建议，引导学生进行专题探究，有意识地拓展学生的阅读视野，有选择性地提供阅读检测与评估办法。这样，有步骤地引领学生完成整本书阅读，了解文学、科普等不同类别作品的阅读方法，了解小说、散文、诗歌、戏剧等不同文体的特征，切实有效地提高学生的阅读水平和阅读能力，同时也给老师的教学实践提供一种参照与借鉴。可以说，这套书不仅强调要读什么，更强调应该怎么读。

该丛书在版本选用上精益求精，精挑细选经典权威版本，囊括一批资深翻译家的经典译本，如傅雷译《名人传》《欧也妮·葛朗台》、力冈译《猎人笔记》、卞之琳译《哈姆雷特》等。对于名家选本，追求代表性，或由该领域权威研究者编选，或由作家自己编选。由于“五四”白话文运动的发轫与推进，中国现代文学作品在语体上有着鲜明的用语特色，我们在编校中参阅相关文献对少量字词和标点做了适当的修改，尽可能地保留作品的原貌。

该丛书在设计上充分考虑阅读的舒适感和青少年的用眼卫生，尽可能地采用大号字体、米黄纸张，做到版面疏密有致、图书轻重得宜等。所有这些，旨在推出一套真正面向学生、服务学生的青少年版丛书。

培根说：“读书足以怡情，足以傅彩，足以长才。”经典名著的影响力是不可估量的，一本好书能够让一个人终身受益。让我们种下阅读的种子，学会阅读，爱上阅读，在阅读中唤起灵性和兴味；让我们在多姿多彩的阅读的花园里，去领略丰美而自由的天地！

浙江文艺出版社

总　序

曹文轩

“新课标”以及根据“新课标”编定的国家统一中小学语文教材，有一个重要的理念：语文学习必须建立在广泛的课外阅读基础之上。

语文学科与其他学科的重要区别是：其他一些学科的学习有可能在课堂上就得以完成，而对于语文学科来说，课堂学习只不过是其中的一部分，甚至不是最重要的一部分；语文学习的完成须有广泛而有深度的课外阅读做保证——如果没有这一保证，语文学习就不可能实现既定目标。我在有关语文教育和语文教学的各种场合，曾不止一次地说过：课堂并非是语文教学的唯一所在，语文课堂的空间并非只是教室；语文课本是一座山头，若要攻克这座山头，就必须调集其他山头的力量。而这里所说的其他山头，就是指广泛的课外阅读。一本一本书就是一座一座山头，这些山头屯兵百万，只有调集这些力量，语文课本这座山头才可被攻克。一旦涉及语文，语文老师眼前的情景永远应当是：一本语文课本，是由若干其他书重重包围着的。一个语文老师倘若只是看到一本语文教材，以为这本语文教材就是语文教学的全部，那么，要让学生从真正意义上学好语文，几乎是没有希望的。有些很有经验的语文老师往往采取一种看似有点极端的做法，用很短的时间一气完成一本语文教材的教学，而将其余时间交给学生，全部用于课外阅读，大概也就是基于这一理念。

关于这一点，经过这些年的教学实践，加之深入的理性论证，语文界已经基本形成共识。现在的问题是：这所谓的课外阅读，究竟阅读什么样的书？又怎样进行阅读？在形成“语文学习必须建立在广泛的课外阅读基础之上”这一共识之后，摆在语文教育专家、语文教师和学生面前的却是这样一个让人感到十分困惑的问题。

有关部门，只能确定基本的阅读方向，大致划定一个阅读框架，对阅读何种作品给出一个关于品质的界定，却是无法细化，开出一份地道的足可以供一个学生大量阅读的大书单来的。若要拿出这样一份大书单，使学生有足够的选择空间，既可以让他们阅读到最值得阅读的作品，又可避免因阅读的高度雷同化而导致知识和思维高度雷同化现象的发生，则需要动用读书界、语文教育界、文学界、出版界等领域和行业的联合力量。一向有着清晰领先的思维、宏大而又科学的出版理念，并有强大行动力的浙江文艺出版社，成功地组织了各领域的力量，在一份本就经过时间考验的书单基础上，邀请一流的专家学者、作家、有丰富教学经验的语文老师、阅读推广人，根据“新课标”所确定的阅读任务、阅读方向和阅读梯度，给出了一份高水准的阅读书单，并已开始按照这一书单有步骤地出版。

这些年，我们国家上上下下沉思阅读与国家民族强盛之关系，国家将阅读的意义上升到从未有过的高度，无数具有高度责任感的阅读推广人四处奔走游说，并引领人们如何阅读，有关阅读的重大意义已日益深入人心。事实上，广大中小学的课外阅读已经形成气候，并开始常态化，所谓“书香校园”已比比皆是。现在的问题是：阅读虽然蔚然成风，但阅读生态却并不理想，甚至很不理想。这个被商业化浪潮反复冲击的世界，阅读自然也难以幸免。那些纯粹出于商业目的的写作、阅读推广以及和各种利益直接挂钩的某些机构的阅读书目推荐，造成了阅读的极大混乱。许多中小学生手头上阅读的图书质量低下，阅读精力的投放与阅读收益严重不成比例。更严重的情况是，一些学生因为阅读了这些质量低下的图书，导致了天然语感被破坏，语文能力非但没有得到提高，还不断下降。如果这种情况大面积发生，我们还在毫无反思、毫无警觉地泛泛谈课外阅读对语文学习之意义，就可能事与愿违了。现实迫切需要有一份质量上乘、定位精准、真正能够匹配语文教材的阅读书目以及这些图书的高质量出版。

我们必须回到“经典”这个概念上来。

我们可能首先要回答“经典”这个词从何而来。

人们发现，这个世界上的书越来越多了，特别是到了今天，图书出版的门槛大大降低，加之出版在技术上的高度现代化，一本书的出版与竹简时代、活字印刷时代的所谓出版相比，其容易程度简直无法形容。书的汪洋大海正席卷这个星球。然而，人们很清楚地看到一个根本无法回避的事实，那就是：每一个人的生命长度都是有限的，我们根本不可能去阅读所有的图书。于是一个问题很久之前就被提出来了：怎么样才能在有限的生命过程中读到最值得读的书？人们聪明地想到了一个办法：将一些人—— 一些读书种子——养起来，让他们专门读书，让读书成为他们的事业和职业，然后由“苦读”的他们转身告诉普通的阅读大众，何为值得将宝贵的生命投入于此的上等图书，何为不值得将生命浪费于此的末流图书或是品质恶劣的图书。通过一代一代人漫长而辛劳的摸索，我们终于把握了那些优秀文字的基本品质。这些被认定的图书又经过时间之流的反复洗涤，穿越岁月的风尘，非但没有留下被岁月腐蚀的痕迹，反而越发光彩、青春焕发。于是，我们称它们为“经典”。

阅读经典是人类找到的一种科学的阅读途径。阅读经典免去了我们生命的虚耗和损伤。我们可以通过对这些图书的阅读，让我们的生命得以充实和扩张。我们在这些文字中逐渐确立了正当的道义观，潜移默化之中培养了高雅的审美情趣，字里行间悲悯情怀的熏陶，使我们不断走向文明，我们的创造力因知识的积累而获得了足够的动力，并因为这些知识的正确性，从而保证了创造力都用在人类的福祉上。阅读这些经典所获得的好处，根本无法说尽。而对于广大的中小学生来说，阅读经典无疑也是提高他们语文能力的明智选择。

这套书，也许不是所有篇章都堪称经典，但它们至少称得上名著，都具有经典性。

2018 年 7 月 15 日于北京大学

点击名著

◎ 兵家至圣

孙武（约公元前545年—公元前470年），字长卿，春秋末期齐国乐安（今山东省北部）人，著名的军事家、政治家，被尊称为孙子（孙武子）、兵圣。公元前506年吴楚大战中，他带领三万之军远征，直捣楚国国都，为吴国带来胜利，创造了以少胜多的奇迹。他的军事谋略与思想，在他所著的《孙子兵法》中得到集中体现。

◎ 兵学圣典

《孙子兵法》是中国现存最早的兵书，是世界上最早的军事著作，同时也是中国古代军事思想精华的集中体现。全书由十三篇组成，仅约六千字，却字字珠玑。该书用简练的文字、严谨的逻辑，以排比铺陈的方式，归纳总结了战争的原理、原则。书中关于敌情研判、策略运用、作战部署等方面的分析描述，以及其中蕴含的战争哲学、唯物辩证思想，历经千年依旧熠熠闪光。

◎ 影响深远

从唐太宗李世民盛赞《孙子兵法》“观诸兵书，无出孙武”，到近现代孙中山、毛泽东等伟人对它的赞誉和运用，无不体现了《孙子兵法》的巨大价值和深远影响。

同时，《孙子兵法》在国外也广为流传。*The Art of War*（《孙子兵法》译名）在亚马逊是多个图书Ⅰ级、Ⅱ级、Ⅲ级类别下的畅销图书。《孙子兵法》被翻译成英、俄、德、日等二十种语言文字，全世界有数千种关于《孙子兵法》的刊印本。不少国家的军校把它列为教材。英国著名军事理论家李德·哈特感喟：“《孙子兵法》，把我二十多部著作所涉及的战略和战术原则几乎包罗无遗。”

阅读建议

◎ 文本定位及方法

《孙子兵法》首先是文言读本，顺利阅读它需要一定的文言基础。《孙子兵法直解》已对《孙子兵法》做了较为详细的注释，在一定程度上为阅读者扫除了文字障碍。如果在阅读过程中发现自己尚不能快速贯通文本意思，用快速阅读法还不能达成对文本的整体把握，阅读者就需先按篇逐章疏通文意，完成“基础阅读”之后再进入“检视阅读”——这二者可穿插进行。

《孙子兵法》成书于春秋，是一部关于兵法的学术著作。对基本军事术语（比如“奇正”等）和春秋时代战争特点有一定的了解，能帮助阅读者更好地理解文本。掌握学术著作阅读方法对阅读者来说尤为重要。熟练运用“浏览”“略读”“精读”等方式，开展“检视阅读”和“分析阅读”，勾画圈点，将阅读重点放在梳理全书大纲小目及其关联、把握书中重要观点及论证观点的过程逻辑上，达成对学术著作的阅读“架构”。

《孙子兵法》还是中华传统文化著述。阅读者可把《孙子兵法》放在中华传统文化的背景下，关联先秦各学派的观点和兵家的各著述开展“主题阅读”，以增进对《孙子兵法》的理解、对中华文化的认识和理解。《孙子兵法》充满哲思，阅读者可以以现代社会和自身实际去观照，分析评价，获得人生启迪。

◎ 阅读建议

《孙子兵法》一书的阅读和研讨活动，建议利用相对集中、折合成9课时左右的时间，在课外完成。这是《孙子兵法》“整本书阅读”目标的设计时间，不包括解决文字障碍的基础阅读时间。学习者可根据自身实际情况安排基础阅读。

阅读过程主要在“检视阅读”和“分析阅读”上；学习过程中，还可依凭已有的资源开展一定的“主题阅读”。“主题阅读”不是高中阶段《孙子兵法》整本书阅读的重点，感兴趣的阅读者可以在此时间外，确定主题、搜查资料，开展更深而广的阅读和思考，并以文字形式记录和整理出这些思考。如此，“研讨”就上升为“研究”了。

知识和能力

◎ 兵家

先秦诸子百家中影响广泛的有儒家、道家、墨家、法家、兵家、名家、纵横家、阴阳家、农家、杂家、医家、小说家等。

据《汉书·艺文志》记载，兵家又分为兵权谋家、兵形势家、兵阴阳家和兵技巧家四类。兵家的代表人物有春秋孙武、司马穰苴，战国孙膑、吴起、尉缭、公孙鞅、赵奢、白起，汉初张良、韩信等。今有兵家著作《孙子兵法》《孙膑兵法》《吴子》《六韬》《尉缭子》等。兵家主张通过运用武力、谋略来达成军事目的。兵家的代表作均是当时战争和治兵经验的总结，其中提出的一系列战略战术原则，包含着丰富的朴素唯物论和辩证法思想。

◎ 阴阳、奇正

阴阳：古代中国哲学概念。古代朴素的唯物主义思想家把矛盾运动中的万事万物概括为“阴”“阳”两个对立的范畴，并以双方变化的原理来说明物质世界的运动、变化。

奇正：古时兵法术语。古代作战以对阵交锋等为正，设伏掩袭等为奇。

◎ 阅读学术著作的方法

基础阅读 读懂文字意思、掌握基本技巧

检视阅读
- 系统浏览：书名、目录→了解书的总体架构
- 粗浅泛读：无论难易，从头到尾通读一遍，不多在疑难处停驻

分析阅读
- 问题法细读：这本书的主题是什么？这本书的论点是什么？这本书说得对吗？这本书和我们有什么关系？
- 笔记法摘读：结构笔记→作者怎样架构和发展观点
  概念笔记→对书的观点提出自己的判断和看法
  辩证笔记→联系其他章节中解答同类问题的讨论

主题阅读 比较阅读：对同一个主题下的多本书进行分析阅读，比较分析

“分析阅读”是个细读、精读过程。这个过程可以进行多次，每次可各有侧重。比如有的侧重于解读书中疑点难处，搜索资料以助理解；有的重在勾画圈点，概括观点，分析论证和观点的关系；有的重在品评赏析、批注勾连，品味语言；有的侧重于提出疑问和分析评价。“分析阅读”是有阶段的，它建立在“检视阅读”基础之上，它的第一阶段要解决“这本书说了什么”“这种观点是如何展开的”等问题。只有对整本书的整体架构和逻辑推进有了清楚的认知，才有可能进行“分析阅读”的后一阶段以及更高层次的“主题阅读”。

◎ 学术文本逻辑分析示例

例篇：《孙子兵法·作战》。方法：勾画关键语句，梳理文本逻辑。

勾画概括性、结论性的句子。一些标志性的语词（比如“所以”“故”之类）可以辅助我们判断。篇中“故”是个很重要的辅助标志。画出出现“故”的句子：“故兵闻拙速，未闻巧之久也。”“故不尽知用兵之害者，则不能尽知用兵之利也。”“故军食可足也。”“故智将务食于敌。”“故杀敌者，

怒也；取敌之利者，货也。”“故兵贵胜，不贵久。”“故知兵之将，民之司命，国家安危之主也。”

“故”在这些句子中解释为“所以”，表明这些是结论性的句子。思考：这些结论性的句子之间的关系是什么？结论得出的原因是什么？

结论性句子出现的位置也是辅助判断的标志。篇章的开头和结尾，总概总括句子出现的可能性更大些。此篇最后两个“故”引出的句子，一个陈述对象是“兵”，指“用兵”，一个陈述对象是“将”，指“用兵者”。沿着这两方向看前面几个句子，结论性句子之间的关系就清晰了：作者在此章中告诉我们为什么“用兵以速胜为贵，切勿久战”“用兵者对战事之害的认识关系到国家安危和民生社稷”。

再细究前边几个句子，分析概括各“故”得出的原因，整篇的逻辑走向就清楚了：

军事耗巨，时长伤国力→**故**用兵贵速；兵久国损→**故**用兵者需尽知兵之害。

远输粮草劳民伤财，将导致国家空虚，并且因为远输而形成的费用要二十倍于粮草本来的费用→**故**智将务必取敌人之粮以自给→**所以**要鼓励夺取敌方资材、善用俘虏以增强我方实力。（具体做法）

→**所以**，用兵贵速。懂得用兵利害，很重要。

专题探究

◎ 专题一

《孙子兵法》共十三篇，每篇都以“孙子曰”开头，按专题论说。专题内部思维缜密，论说严谨；各专题看似孤立，却有着紧密的内在逻辑，构成完整而严密的军事学术体系。有学者将这十三篇内容从“道”“法”“术”三个方面进行归类，《始计》《作战》《谋攻》《军形》为“道”层面，《兵势》《虚实》《军争》《九变》《行军》为“法”层面，《地形》《九地》《火攻》《用间》为“术”层面。

1. 仔细阅读文本，勾画出每篇观点类关键句，概括每篇的主要内容，梳理全书的篇章概要，以思维导图的方式整理出此书纲要。

2. 依据整理出的纲要，以文字和图示结合的方式梳理各篇章的关系和整部书论述的逻辑走向。

3. 说说你是否认同“道”“法”“术”的归类？为什么？

◎ 专题二

《中国哲学史新编》（冯友兰）评价：“（《孙子兵法》）是古代一部优秀的兵书，是一部出色的哲学著作。”

作为军事实践理论的《孙子兵法》，常有哲理升华，体现出个别性与普遍性的结合，从而具有了普遍意义。你读到了哪些哲思或者体悟到了哪些哲理？它们对现实生活有怎样的指导意义？

前 言

战争是政治通过暴力手段的继续，因此，战争不仅是战争双方武力的争斗，更是双方智慧的较量。所以，汉高祖刘邦主张“宁斗智，不斗力”（《史记·高祖本纪》），并最终战胜了实力远强于自己的项羽。刘邦能以弱胜强，他和他的将领们的智慧谋略起了决定性的作用。孙武认为，“不战而屈人之兵，善之善者也。”（《孙子兵法·谋攻》）强调的也正是战争中的运智设谋。

兵法就是这种智慧的结晶，它总结战争经验，探索战争规律，研究战争中的各种因素，特别是人的因素对战争的影响。这些凝聚着古代军事思想家们智慧的军事理论，对现代军事理论建设和现代战争都有着重要的借鉴价值和指导意义。至今，美、日等一些西方军事战略家仍在研究所谓“孙子的核战略”，就是借鉴古代兵法研究战略问题的生动例子。同时，兵法对人类社会各个领域的活动也同样具有广泛的借鉴价值。兵法中所蕴含的策略和智谋被现代政治活动家和企业经营管理者们广泛应用于社会活动和商业活动之中，足见古代的兵法在现代社会依然焕发着蓬勃的生机。

中国古代的兵法著作源远流长，从《孙子兵法》开始，历代流传下来的兵书数以百计。它们具有独特的思想价值和文献价值，成为中国传统文化的一个重要组成部分。中国古典文献的分类中向来就有兵家一类，它们自成体系，卓然成为一门学科。因此，可以说，不了解中国古代兵书，就不能够全面地了解中国的传统文化。

基于这一认识，我们选择了《孙子兵法》《尉缭子》作直解，它们都是古代兵法中的经典之作。《三十六计》是近数百年内编订成书的优秀军事著作，我们也一并选入本书。

《孙子兵法》是我国现存最早的兵书，被推崇为中国兵书之祖，对日本、欧洲的军事学发展也有过重要影响。它不仅在中国军事学上占有极其重要的地位，在世界军事史上也占有相当重要的地位。

《孙子兵法》成书于春秋晚期，为吴国名将孙武所著。孙武，字长卿，齐国（今山东境内）人，为避齐国内乱移居吴国，为吴王阖闾成为"春秋五霸"之一立下了汗马功劳。《史记·孙子吴起列传》说："（吴军）西破强楚，入郢，北威齐、晋，显名诸侯，孙子与有力焉。"《韩非子·五蠹》篇说："境内皆言兵，藏孙、吴之书者家有之。"

《孙子兵法》总结了我国春秋以前的战争经验，提出了一系列带有普遍性的战略思想，受到了历代军事理论家的高度重视。

《尉缭子》一书吸收了先秦诸子各种优秀思想，博采众家之长，成为一部富有特色的军事理论著作。其书将军事问题与政治、经济、法律等相关问题综合论述，因而视野开阔，立论妥洽。清人朱墉在《武经七书汇解》中说："七子谈兵，人人挟有识见。而引古谈今，学问博洽，首推尉缭。"

《三十六计》的作者已不可详考。"三十六计"的提法，最早见于《南齐书·王敬则传》："檀公三十六策，走为上计。"这里所说的檀公，指的是檀道济。檀道济是南朝宋的名将，他从历代战争经验中总结出三十六条作战原则，应该是可能的。檀道济可能是《三十六计》的作者或整理者。

从每条计谋的结构来看，都是先出计名，次作解语，再加按语。按语所述之事，有的是南朝之后的战例。由此推论，按语必非檀公所作，而是后人为诠释和补充本计而加上去的。因此，檀道济不是现行《三十六计》的唯一作者。

《三十六计》在历代公私藏书目录中均不见著录。一般认为，《三十六计》编订成书不会很早，大约在明末清初时期。

《三十六计》是从我国历代战争实践中总结出来的宝贵经验，又被作者系统化，理论化，是一部军事谋略方面的集大成之作。

我们编撰这本书的目的是给广大传统文化爱好者提供一个便利的兵书读本，但由于水平有限，书中讹误之处在所难免，敬祈读者诸君指正。

肖尚兵　赵爱萍

目录
CONTENTS

孙子兵法直解

始计第一

始计，即战前的打算，主要论述决定战争胜负的五个基本因素。

孙子曰：兵战争者，国之大事，死生之地，存亡之道，不可不察也。

故经筹划之以五事指从道、天、地、将、法五个方面来分析研究战争胜负的可能性，校通“较”，比较之以计而索其情真情。索其情，探求战争的规律：一曰道，二曰天，三曰地，四曰将，五曰法。道者，令民士卒与上将领同意同意，思想一致也，故可以与之死，可以与之生，而不畏危。天者，阴阳、寒暑、时制时制，四季时令的更替也。地者，远近、险易、广狭、死生死生，地形上的死地与生地也。将者，智、信、仁、勇、严也。法者，曲制曲制，军队的组织编制、官道官道，各级将吏的管理制度、主用主用，军需物资的供应管理

“道可道，非常道。”中国文化中的“道”，其所包含，不可谓不广、不博、不深。此处之“道”，处“五事”之首，就“兵者”来说，当指“人和”。后文“令民与上同意也”也解释了这一点。“五事”分别就人和、天时、地利、将德、法明而言。

“同意”，这里指“（有）同样的心意”，民与君同心同德。可见孙子所说的“道”，不仅涉及统帅的德行、军队的精神，也不仅关涉政治与治军，还与治国之道、君主人道有关。上下同心，政通人和，“道”是兵事的基础。

“治道”“人道”是基础，但并非决胜因素。要取得战争的胜利，还需掌握“战道”——战争的规律、方法。

"计"从字面上看属于"术"层面，但孙子把"校之以计"的"七计"中的第一位也给了"道"，可见"道"的重要性。这体现出以孙子为代表的兵家崇尚道义的基本价值取向。后文兵法阐释中常涉及"修道"，"修道"多围绕"安国全军"展开。

"五事""七计"，纲举目张。

制度也。凡此五者，将莫不闻了解，知之者胜，不知者不胜。故校之以计而索其情，曰：主孰哪一方有道？将孰有能？天地孰得？法令孰行？兵众孰强？士卒孰练训练有素？赏罚孰明？吾以此知胜负矣。

将部队中的一般将领听吾计，用之必胜，留之；将不听吾计，用之必败，去之。

计利以听谓计策在军中得以顺利执行，乃为之势，以佐辅助其外。势者，因利而制权也句谓根据利害情况而确定相应的措施。

兵者，诡道诡道，诡诈之道也。故能有能力而示之不能，用而示之不用；近攻击近敌而示之远，远攻击远敌而示之近；利而诱之谓以利引诱敌人，乱使敌军乱而取之；实敌方具备实力而备之，强敌兵强盛而避之；怒敌将刚忿而挠挑逗之，卑指敌将低调而骄（使）骄矜之；佚通"逸"，指敌兵安逸而劳之，亲指敌人上下相亲而离离间之。攻其无备，出其不意。此兵家之胜奥妙，不可先传也谓不能事先传述，只能在实践中灵活运用。

夫未战而庙算庙算，由朝廷制订的作战计划胜超过敌方者，得算多也；未战而庙算不胜者，得算少也。多算胜，少算不胜，而况于无算乎！吾以此观之，胜负见xiàn同“现”矣。

作战第二

本篇论述作战的指导思想。孙子认为，战争应速战速决。

孙子曰：凡用兵之法，驰车驰车，快速轻便的战车千驷sì一车四马为一驷，革车革车，运载辎重的车辆千乘shèng辆，带甲带甲，武装的士卒十万，千里馈kuì供给粮。则内外之费，宾客宾客，指诸侯列国的使节以及游说谋士之用，胶漆之材谓制作和维修作战器械的物资，车甲之奉供养，日费千金，然后十万之师举出动矣。

其用战用战，投入战争也，胜久遥远则钝疲惫兵挫锐锐气，攻城则力屈竭尽，久暴师暴师，军队在外作战则国用不足。夫钝兵挫锐，屈力殚dān枯竭货物资，则诸侯乘其弊疲敝而起，虽有智者，不能善为善谋其后善其后，指事前能为善谋，后乃无患矣。故兵闻拙速拙速，为了速胜宁可用重拙的办法，未闻巧之久巧之久，为了求巧而迁延日久也。夫兵久迟缓而国利国利，于国有利者，未之有也。故不尽知用兵之害者，则不能尽知用兵之利也。

此一句另一种断句法：“其用战也胜，久则钝兵挫锐，攻城则力屈”。

说理层层推进，环环相扣。

漂亮的说理在《孙子兵法》中俯拾皆是。"国之贫"在于"师者远输";然后顶真"远输","远输"带来"百姓财竭";又一个顶真"财竭","财竭"则"急于丘役"。最后,"力屈"(第二段提及)"财竭"导致"中原内虚于家"。顶真续麻,逻辑上一气贯通。

善用兵者,役不再籍谓兵员不重复征募,粮不三载三载,多次运载;取用器用,指武器装备于国,因粮于敌谓从敌人那里获得粮食,故军食可足也。

国之贫于师者远输远输,指长途运输粮食,远输则百姓贫。近师者贵卖谓部队驻地物价飞涨,贵卖则百姓财竭,财竭则急短缺于丘古代的地方行政单位,国家按丘征收赋税徭役役丘役,赋税徭役。力屈财殚尽,中原中原,原野之中。此指原野之民内虚于家。百姓之费,十去其七;公家之费,破损坏车罢pí通"疲"马,甲铠甲胄zhòu头盔矢弩用机括发箭的弓,戟楯dùn同"盾"蔽橹蔽橹,用作屏蔽的大盾牌,丘牛丘牛,大牛大车大车,运载辎重的车辆,十去其六。

故智将务求食sì于敌务食于敌,靠敌人养活,即夺取敌人的粮食以自给。食敌一钟古代容量单位,每钟六十四斗,当吾二十钟,萁qí同"萁",豆秸秆gǎn禾茎一石dàn古代重量单位,每石一百二十斤,当吾二十石。

"变敌之色,令与己同。"(张预注,引自《十一家注孙子校理》)意指"使敌人投降于我方"。

故杀敌者,怒对敌人的仇恨情绪也;取敌之利者,货用财物奖赏将士也。故车战,得车十乘已同"以"上,赏其先得者,而更变其旌旗,车缴获的战车杂混合而乘之,卒俘虏的士兵善而养之，是谓胜敌而益强益强，谓增强我方的实力。

故兵贵以……为贵胜速胜，不贵久。

故知统领兵之将，民之司命司命，命运的掌握者，国家安危之主主宰也。

概括性、结论性的句子，标志性的语词（“所以”“故”之类），逻辑推进，助成判断。

谋攻第三

谋攻，即运用谋略战胜敌人。本篇论述作战的目的在于用最小的代价取得最大的胜利。

孙子曰：凡用兵之法，全国全国，使敌人整个国家投降为上上策，破国破国，用武力击破敌国次之；全军古代军队的编制单位，通常是一万二千五百人为一军为上，破军次之；全旅五百人为旅为上，破旅次之；全卒一百人为卒为上，破卒次之；全伍五人为伍为上，破伍次之。是故百战百胜，非善之善者也句谓不是最好的结果；不战而屈征服人之兵，善之善者也。

开门见山，提挈全篇，纲举目张。

“凡用兵之法”发端，五组排比一气呵成。从“国”到“军”到“旅”到“卒”到“伍”，从宏大到微小，内容周匝；辅以对称的四字短句，语势强大而有力。先声夺人。

故上兵上兵，最好的用兵方法伐谋伐谋，与敌人斗智慧斗谋略，其次伐交伐交，通过外交途径分化瓦解敌人，其次伐兵伐兵，用军事手段战胜敌人，其下攻城。攻城之法为不得已。修橹大盾牌、轒fén辒wēn轒辒，古代攻城用的四轮车，用大木制作，外蒙牛皮，可容纳十数人，用以运土填塞城壕，具器械，三月而后成；距闉yīn距闉，为攻城而堆积起来的土山，又三月而后已。将将帅不胜其忿而蚁附蚁附，像蚂蚁一般攀爬攻城之，杀士杀士，士卒为敌人所杀三分之一而城不拔者，此攻之灾也。

故善用兵者，屈征服人之兵而非战非战，不用死打硬拼的办法也，拔人之城而非攻也，毁人之国而非久旷日持久也，必以全争于天下谓务求用谋略在天下取得全面而彻底的胜利，故兵不顿通"钝"，疲惫，受挫而利可全，此谋攻之法也。

故用兵之法，十兵力十倍于敌则围之，五则攻之，倍则分分散而各个击破之，敌兵力相当则能尽力战之，少则能逃避开，摆脱之，不若如则能避之。故小敌之坚，大敌之擒也句谓弱小的军队如果一味硬拼，就会成为强敌的俘虏。

夫将者，国之辅也，辅周周密，无疏漏则国必强，辅隙疏漏，不周密则国必弱。

故君之所以患危害于军者三：不知军之不可以进而谓命令之进，不知军之不可以退而谓之退，是谓縻mí束缚军；不知三军三军，古代军队的通称之事而同参与三军之政决策者，则军士惑矣；不知三军之权权变，权谋而同三军之任指挥，则军士疑矣。三军既惑且疑，则诸侯之难nàn（诸侯国乘隙进攻的）灾难至矣，是谓乱军引胜乱军引胜，谓扰乱自己的军队导致敌人的胜利。

故知胜有五：知可以战与不可以战者胜，识众寡之用众寡之用，根据兵力多寡的具体情况采取相应的策略者胜，上下同欲同欲，同心同德者胜，以虞预料，此指预先做好准备待不虞者胜，将能善战而君不御牵制者胜。此五者，知胜之道也。

故曰：知彼知己，百战不殆危险，失败；不知彼而知己，一胜一负；不知彼不知己，每战必殆。

"知己知彼，百战不殆"妇孺皆知。"不知彼不知己，每战必殆"，知的人就不多。这一句反面立意，"知"与"不知"、"不殆"与"殆"内容对举，肯定式、否定式形式对举，抓人眼球。中间还有一句"不知彼而知己，一胜一负"，知道的人就更少了。这三句连在一起，阐释了"知己知彼""不知彼而知己""不知彼不知己"三种情况下的不同结果，论证严密，一丝不苟。

军形第四

形即对比、显示。本篇论述如何根据敌我双方的强弱形势采取适宜的攻守策略，达到保存自己、消灭敌人的目的。

"形，谓主客、攻守、八阵、五营、阴阳、向背之形。"（李筌注，引自《十一家注孙子校理》）

孙子曰：昔之善战者，先为不可胜不可胜，立于不败之地，以待敌之可胜可胜，指可战胜的时机。不可胜在己，可胜在敌。故善战者，能为不可胜谓能够确保自己不被打败，不能使敌之必可胜谓不能保证必定战胜敌人。故曰：胜可知预知而不可为句谓胜利可以预知，但敌人何时何地有可乘之隙，从而战胜它，则不是我方所能决定的。

不可胜者表假设。不可胜者，谓如不可战胜，守取守势也；可胜者，攻取攻势也。守则不足，

《天一遁甲经》曰：九天之上可以陈兵，九地之下可以伏藏。古人认为地静利藏，天运利动。

杜牧：“不败之地者，为不可胜之计，使敌人必不能败我也。不失敌人之败者，言窥伺敌人可败之形，不失毫发也。”（引自《十一家注孙子校理》）

攻则有余句谓防守是因为取胜的条件尚不充分，进攻是因为取胜的条件绰绰有余。善守者藏于九地之下谓善于防守的军队，就好像潜藏于九重深地，使敌人无从进攻，善攻者动于九天之上谓善于进攻的军队，就好像运动于九重云霄，使敌人无从防备，故能自保而全胜也。

见预见胜胜利不过超过众人之所知识见，非善之善者也；战胜而天下曰善，非善之善者也。故举秋毫秋毫，兽类在秋天新长出的毛，极轻极细，比喻非常轻微的事物不为多力，见日月不为明目明目，视力好，闻雷霆不为聪耳聪耳，听力好。古之所谓善战者，胜于易胜者也句谓在敌人容易被打败时就打败了敌人。故善战者之胜也，无智名，无勇功，故其战胜不忒tè差误。不忒者，其所措措施必胜，胜已败已败，已露败形者也。故善战者，立于不败之地，而不失放过敌之败指可以击败之机也。是故胜兵先胜先胜，先创造取胜的条件而后求战，败兵先战而后求胜指侥幸取胜。善用兵者，修道指不可胜之道而保法必胜的法度，故能为掌握胜败之政决定权。

兵法：一曰度忖度，判断，二曰量战场容量，三曰数兵力多少，四曰称权衡实力，五曰胜。地生度谓根据战地地形的远近险易广狭等具体情况，做出利用地形的判断，度生量谓根据对战地地形的判断，得知战场的容量，量生数谓根据战场容量，确定部署兵力的数量，数生称谓根据敌对双方可能投入兵力的数量，进行衡量对比，称生胜谓根据双方力量的对比，从而推知战争的胜负。故胜兵若以镒yì古代重量单位，一镒为二十四两称铢zhū古代重量单位，一两为二十四铢。镒比铢重五百多倍，比喻两军实力的悬殊，败兵若以铢称镒。胜者之战，若决积水于千仞rèn古代八尺或七尺为一仞之溪者，形也。

兵势第五

势即一种突发的冲击力量。本篇论述将帅如何在现有的军事实力基础上，发挥主观能动性，产生一种锐不可当的力量来战胜敌人。

孙子曰：凡治众众多之兵如治寡寡少之兵，分数分数，军队的组织编制。部曲为分，什伍为数是也；斗众斗众，指挥人数众多的军队作战如斗寡，形名形名，原指军队使用的旌旗、金鼓等指挥工具，这里引申为指挥方法是也；三军之众，可使必受敌受敌，遭到敌人的进攻而无败者，奇正奇正，指作战中的奇兵与正兵

“奇”“正”是对立统一的概念。“奇”和“正”是不同的战法，但它们不是截然分开的，其中充满了“变”。梅尧臣说：“动为奇，静为正。”李筌说：“当敌为正，傍出为奇。”何氏则云：“兵体万变，纷纭混沌，无不是正，无不是奇。”“我之正，使敌视之为奇；我之奇，使敌视之为正。正亦为奇，奇亦为正。”

的灵活运用是也；兵之所加，如以碫duàn磨刀石投卵者，虚实以实击虚是也。

凡战者，以正常规阵形合对阵，以奇奇兵胜。故善出奇者，无穷如天地，不竭如江河。终而复始，日月是也；死而复生，四时是也。声不过五古代音乐中宫、商、角、徵、羽五个基本音阶，五声之变，不可胜穷尽听也；色不过五古代以青、赤、黄、白、黑五种色彩为正色，其他颜色由正色间杂而成，称间色，五色之变，不可胜观也；味不过五指酸、甜、苦、辣、咸五种基本味道，五味之变，不可胜尝也。战势不过奇正，奇正之变，不可胜穷也。奇正相生，如循环之无端，孰能穷之？

日月死生，周而复始，奇正相变，纷纭复更，无穷无尽。“变”与“不变”的哲学对立。

激水激水，湍急的水流之疾快，至于漂冲走石者，势也；鸷zhì鸟鸷鸟，猛禽，如鹰、雕等之疾，至于毁折毁折，捕杀鸟兽者，节节奏也。是故善战者，其势险，其节短短促猛烈，势如彍kuò弩彍弩，拉满的弓弩，节如发机发机，触发弩机上的机关。

“至于”，古今异义，这里指“到某种程度”。“势”，“情势”“气势”，指某种力量趋向。用“激水之疾，至于漂石者”形容“势”，强调势的险和力量。“节”，指事物的关节处，“鸷鸟之疾”，能迅疾捕杀鸟兽，是因为能趁险疾之势切准时机，一击即中。

纷纷纭纭谓阵地上旌旗混乱的样子，斗乱斗乱，在混乱的状态中作战而不可乱也；浑浑沌沌，形圆形圆，把部队部署得四面八方都能应付自如而不可败也。乱生于治，怯生于勇，弱生于强。治乱，数组织指挥也；勇怯，势军势也；强弱，形军形也。故善动敌动敌，调动敌人者，形之谓显示出假象以欺骗敌人，敌必从之；予之，敌必取之。以利动之，以卒伏兵待之。

又是几组相生相克、对立统一的概念。举苻坚例子。苻坚鼓行攻晋，发兵之初意气风发，一“勇”而先。兵败，闻风声鹤唳便以为是晋军，何其怯也。

故善战者，求之于势，不责于人，故能择人而任势任势，利用兵势。任势者，其战人战人，指挥士卒作战也，如转木石。木石之性特点，安地势平坦则静，危地势陡斜则动；方则止，圆则行。故善战人之势，如转圆石于千仞之山者，势也。

虚实第六

本篇论述将帅如何使战争向有利于我方的方向发展，造成敌虚我实的形势，然后采用避实击虚的方法，达到“因敌而制胜”的目的。

孙子曰：凡先处到达，占据战地而待敌者佚通“逸”，后处战地而趋战趋战，匆忙投入战斗者劳。故善战者，致制人而不致于人谓调动敌人而不为敌人所调动。能使敌人自至者，利以利引诱

张预：“致敌来战，则彼势常虚；不往赴战，则我势常实。此乃虚实彼我之术也。”（引自《十一家注孙子校理》）

之也；能使敌人不得至者，害妨害之也。故敌佚能劳使疲劳之，饱能饥之，安安逸能动之。

出出兵攻击其所不趋不趋，无法急救的地方，趋攻击其所不意不意，无备之处。行千里而不劳者，行于无人之地也；攻而必取者，攻其所不守也；守而必固者，守其所不攻不攻，不易进攻的地方也。故善攻者，敌不知其所守谓敌人不知怎样防守；善守者，敌不知其所攻。微微妙乎微乎，至于无形形迹；神乎神乎，至于无声；故能为敌之司命司命，命运的主宰。进而不可御抵抗者，冲攻击其虚薄弱环节也；退而不可追者，速而不可及赶上也。故我欲战，敌虽高垒深沟，不得不与我战者，攻其所必救也；我不欲战，画地而守之谓不用设防就能防守，敌不得与我战者，乖违离其所之也谓迷惑敌人的注意力，从而改变敌人的进攻方向。

使敌露出行迹和虚实，形人；使敌莫测于我，无形。

故形人形人，诱使敌人暴露目标而我无形，则我专力量集中而敌分力量分散；我专为一，敌分为十，是以十攻其一也，则我众而敌寡。能以众击寡者，则吾之所与战者约少矣。

吾所与战之地不可知不可知，不使敌人知道；

不可知，则敌所备者谓敌人需要防守戒备的地方多；敌所备者多，则吾所与战者寡矣。故备前则后寡，备后则前寡；备左则右寡，备右则左寡；无所不备，则无所不寡。寡者，备人者也句谓兵力薄弱，是因为要防备敌人的进攻；众者，使人备己者也句谓兵力众多，是因为迫使敌人防备自己。

故知预知战之地，知战之日，则可千里而会战。不知战地，不知战日，则左不能救右，右不能救左，前不能救后，后不能救前，而况远者数十里，近者数里乎？以吾度duó推断，忖度之，越越国。当时吴国与越国交战，孙武献兵法给吴王，称越国为敌国人之兵虽多，亦奚xī何益于胜败哉？故曰：胜可为创造和把握也；敌虽众，可使无斗无斗，无力与我方交战。

故策分析判断之而知得失之计得失之计，计划的优劣得失，作挑逗之而知动静之理规律，形（使）暴露之而知死生之地死生之地，薄弱致命的环节和优势所在，角指试探性进攻之而知有余不足有余不足，指兵力部署的虚实之处。故形兵之极最高境界，至于无形无形，不露痕迹。无形，则深间深间，深藏于内部的间谍不能窥，智者不能谋。因形引诱

管子曰：计未定而出兵，则战而自毁也。

水的譬喻极妙。包含“虚与实”“有（形）与无（形）”“多与少”“常与变”“强与弱”等多种辩证关系。

敌人暴露形迹而错同“措”，放置胜胜利成果于众，众不能知；人皆知我所以胜之形形态，作战的方式方法，而莫知吾所以制胜之形。故其战胜战胜，指战胜之道不复重复，而应形应形，根据敌人的实际情况使用不同的作战方案于无穷。

夫兵形兵形，用兵的规律像水，水之形，避高而趋下；兵之形，避实而击虚。水因地而制流，兵因敌而制胜。故兵无常势，水无常形，能因敌变化而取胜者，谓之神智谋高超，用兵如神。故五行五行，金、木、水、火、土无常胜无常胜，谓相生相克，四时四时，即四季无常位无常位，指四季更替，循环往复，日有短长谓日照的时间有短有长，月有死月晦（农历每月月终）生月朔（农历每月初一）。

军争第七

军争，即两军相对而争利。本篇论述了创造有利的战争地位和制胜条件的原则和方法。

孙子曰：凡用兵之法，将将领受命于君国君，合军聚众，交和古时军队的营门。交和，两军营垒对峙而舍驻扎，莫难于军争军争，两军争夺有利的战争条件。军争之难者，以迂为直谓化迂远为近直，以患为利谓化不利条件为有利条件。故迂其途迂其途，设法使敌人绕道前进，而诱之以利；后后于人发出发，先人至，此知迂直之计者也。

故军争为利好处，军争为危危险。举全军而争利，则不及；委委弃军而争利，则辎重辎重，随军运载的军用器械、粮草等捐捐弃，损失。是故卷收藏甲而趋急速前进，日夜不处驻扎，停留，倍道兼行谓以加倍的速度日夜不停地急行军，百里而争利，则擒被擒三将军三将军，三军将领，劲强者先，疲者后，其法十一十一，十分之一而至到达目的地；五十里而争利，则蹶jué挫败上将军上将军，前军的将领，其法半至；三十里而争利，则三分之二至。是故军无辎重则亡，无粮食则亡，无委积委积，物资储备则亡。

故不知诸侯之谋行动计划者，不能豫通“与”交豫交，与诸侯结交；不知山林、险阻、沮水草丛生之地泽沼泽之形者，不能行军；不用乡导乡导，即“向导”者，不能得地利。故兵以诈立成功，以利动采取行动，以分分散合集中为变变化者也。故其疾快如风，其徐慢如林森林，侵掠如火烈火燎原，不动如山，难知如阴谓隐蔽时，犹如阴云遮蔽天日，不可窥测，动如雷震。掠乡敌乡分众分众，兵分数路，廓地廓地，开拓疆土分利分利，分清利害，择要据守，悬权而动谓权衡敌我形势，相机而动，先知迂曲直之计者胜。此军争之法也。

《军政》古代兵书曰：“言不相闻，故为金鼓；视不相见，故为旌旗。”夫金鼓旌旗者，所以一统一人之耳目也。人既专一，则勇者不得独进，怯者不得独退，此用众之法也。故夜战多火鼓，昼战多旌旗，所以变适应人之耳目也。

故三军可夺气夺气，挫伤军队的锐气，将军可夺心决心和信心。是故朝初出战时气锐旺盛，昼出战的过程中气惰低落，暮后期气归衰竭。故善用兵者，避其锐气，击其惰归，此治气者也。以治待乱，以静待哗，此治心治心，治理军心者也。以近待远，以佚通"逸"，安逸待劳，以饱待饥，此治力体力者也。无邀邀击，拦击正正正正，旗帜整齐之旗，勿击堂堂堂堂，行阵强大之陈同"阵"，此治变治变，因敌情的变化而采取不同措施者也。

故用兵之法，高陵山丘。高陵，此指占据山丘之敌勿向谓攻击，背丘高地。背丘，此指占据高地之敌勿逆正面攻击，佯北败。佯北，假装败逃之敌勿从追击，锐卒锐卒，精锐部队勿攻，饵兵饵兵，诱引之敌勿食歼击，归师归师，撤退之敌勿遏截击，围师围师，包围敌人之师必阙通"缺"，留缺口，穷寇穷寇，穷途末路之敌勿迫逼迫。此用兵之法也。

九变第八

九变，即灵活多变。本篇论述战争中要全面地看问题，灵活地运用战略战术。

孙子曰：凡用兵之法，将将领受命于君，合军聚众，圮 pǐ 地圮地，因毁坏而难于通行的地方无舍驻扎，衢 qú 地衢地，四通八达的地方合交合交，与邻国结交和好，绝地绝地，环境恶劣、无法生存的地方无留停，围地围地，地形险阻、容易被围的地方则谋计议，筹划，死地死地，没有退路，不能生存的地方则战。涂通"途"，道路有所不由行，军有所不击，城有所不攻，地有所不争，君命有所不受遵从。故将将领通于九变九变，即多变，军事上的各种机变之利者，知用兵矣；将不通于九变之利者，虽知地形，不能得地之利得地之利，利用地形矣。治兵不知九变之术，虽知占有五利五利，指《计篇》所谓道、天、地、将、法等五个方面的有利条件，不能得人兵之用得人之用，发挥军队的作用矣。

是故智者之虑，必杂兼顾于利有利因素害不利因素。杂于利而务事情可信通"伸"，发展也，杂于害而患可解解除，排除也。

是故屈征服诸侯者以害，役役使诸侯者以业危险的事情，趋（使）归附诸侯者以利。

故用兵之法，无恃依恃其指敌人不来，恃吾有以待准备之；无恃其不攻，恃吾有所不可攻也。

故将有五危：必死必死，死打硬拼，有勇无谋，可杀也；必生必生，贪生怕死，可虏也；忿速忿速，急躁易怒，可侮也；廉洁廉洁，谓过分爱惜名声，可辱也；爱民爱民，过分爱惜士卒，可烦烦扰也。凡此五者，将之过也，用兵之灾也。覆军杀将谓军队覆灭，将领战死，必以因五危，不可不察也。

行军第九

行军，即用兵作战。本篇论述了战争中军队配置、敌情判断和整饬内部等三个问题。

孙子曰：凡处驻扎军相敌对峙，绝横穿，通过山山地依谷山谷，视生视生，即面向阳光处高高处，战隆高地。指据守高地之敌无登攀登仰攻，此处山之军也。绝水绝水，横渡江河必远远离水；客敌军绝水而来，勿迎迎击之于水内，令半济半济，半数渡过河而击之，利；欲战者，无附靠近于水而迎客；视生处高，无迎水流谓不要逆流布阵，此处水上之军也。绝斥泽斥泽，盐碱沼泽地带，惟亟去亟去，迅速离开无留；若交军交军，遭遇敌军于斥泽之中，必依水草而背靠众树众树，树林，此处斥泽之军也。平陆陆地处易坦易无坎坷之处，而右右翼背倚靠高，前死后生谓前面低，后面高。《淮南子·地形训》："高者为生，下者为死"，此处平陆之军也。凡此四军四军，指以上四种地形条件下的处军原则之利，黄帝黄帝，相传为中原部落联盟的领袖，曾败炎帝于阪泉，诛蚩尤于涿鹿，北逐獯鬻，统一黄河流域之所以胜四帝四帝，泛指四方部落首领也。

凡军驻军好 hào 喜爱高而恶 wù 厌恶下，贵重视阳而贱轻视阴，养生养生，指近水草林木，便于牧放樵采而处实地势坚实高阳的地方，军无百疾，是谓必胜。丘陵堤防堤防，堤坝城防，必处其阳向阳的一面而右背之，此兵之利、地之助也。上上游雨，水沫至，欲涉者待其定也。凡地有绝涧绝涧，两岸峭壁、水流其间的地带、天井天井，四周高耸、中间低洼的地带、天牢天牢，地势险峻、易进难出的地带、天罗天罗，荆棘丛生、难以通过的地带、天陷天陷，地势低洼、道路泥泞、车马易陷的地带、天隙天隙，两山之间狭窄的谷地，必亟迅速去之，勿近也。吾远之，敌近之；吾迎之，敌背之。军旁有险阻、潢 huǎng 井潢井，低洼的沼泽地带、葭苇葭苇，指长满芦苇的地带、山林蘙 yì 荟 huì 蘙荟，草木茂盛的地带者，必谨复反复索搜索之，此伏奸伏奸，潜伏的奸细之所处也。

故近而静者，恃其险也；远而挑战者，欲人之进也；其所居易平坦之处者，利好处也。众树动者，来指敌人斩木除道而来也；众草多障障蔽者，疑使迷惑也；鸟起飞者，伏有埋伏也；兽骇惊走者，覆覆盖，引申为铺天盖地的袭击也。尘高而锐直冲者，车来也；卑低而少者，徒步兵来也；散而条达条达，断续分散的样子者，樵采也；少而往来者，营军营军，安营扎寨也。辞言辞卑谦卑而益备益备，加强战备者，进欲进攻也；辞强强硬而进驱逼者，退也；轻车先出居其侧者，阵布列阵势也；无约而请和者，谋诈谋也。奔走而陈兵者，期希望与对方交战也；半进半退者，诱也。杖以兵器为杖而立者，饥也；汲汲水而先争先饮者，渴也；见利而不进者，劳疲劳过度也。鸟集指集于军营者，虚也；夜呼叫者，恐内心恐惧也；军扰乱者，将将领不重威严也；旌旗动者，乱也；吏怒急躁易怒者，倦也；杀马肉食谓杀牲口吃者，军无粮也；悬缻fǒu同“缶”，汲水的瓦罐，这里泛指炊具。悬缻，谓挂起炊具，不再做饭不返其舍营寨者，穷寇也。谆谆谆谆，反复叮咛翕xì翕翕翕，和合，徐缓与人言者，失众失众，将领不得人心也；数再三赏者，窘指将领处境困窘也；数罚者，困义同“窘”也；先暴凶暴而后畏其众者，不精精明之至也。来委谢委谢，以亲爱之人为人质谢罪者，欲休息也；兵怒而相迎，久而不合交战，又不相去离，必谨察之。

兵非贵益多也谓兵力并非越多越好，惟无武进武进，鲁莽行事，冒失前进，足以并力并力，集中兵力、料敌料敌，分析判断敌情、取人取人，取得部下的信任和拥戴而已。夫惟无虑而易敌易敌，轻敌者，必擒于人。

卒未亲附而罚之，则不服，不服则难用也；卒已亲附而罚不行，则不可用也。故令教育引导之以文政治和道义，齐约束管理之以武军纪和军法，是谓必取必取，必定能够取胜。令素行谓平素军令能得到执行，以教其民士卒，则民服；令不素行，以教其民，则民不服。令素行者，与众相得相得，关系融洽也。

地形第十

本篇根据地况的不同把战争的地形分为通、挂、支、隘、险、远等六种，并论述了不同地形在战术上的利用原则以及地形优劣对战争胜败的意义。

孙子曰：地形地形，地理形势有通平坦通达者，有挂牵阻，指前平后险，易进难退者，有支据险对峙，不宜先出击者，有隘狭隘者，有险险要者，有远路途迂曲、相距甚远者。我可以往，彼可以来，曰通。通形者，先居高阳，利粮道谓以利运粮之道畅通，以战则利。可以往，难以返，曰挂。挂形者，敌无备，出出击而胜之；敌若有备，出而不胜，难以返，不利。我出而不利，彼出而不利，曰支。支形者，敌虽利利诱，我无出也，引率领部队而去撤退之，令敌半出而击之，利。隘形者，我先居占据关隘之，必盈用足够的兵力把守关隘之以待敌；若敌先居之，盈指敌有重兵把守而勿从攻击，不盈而从之。险形者，我先居之，必居高阳以待敌；若敌先居之，引率领部队而去撤退之，勿从也。远形者，势均，难以挑战，战而不利。凡此六者，地之道地之道，利用地形的原则也，将之至任至任，重任，不可不察也。

故兵有走败逃。指不量其力，以少击多，导致败逃者，有弛将领无能，不能约束士卒，导致部队松弛者，有陷兵弱而将强欲战，不能用众，导致陷没者，有崩副将忿怒欲自战，主将不能约束，导致兵败如山崩者，有乱阵营没有次序，自相混乱者，有北不选用精锐之兵为先锋而导致败亡者。凡此六者，非天之灾，将之过也。夫势均，以一击十，曰走；卒强吏弱，曰弛；吏强卒弱，曰陷；大吏大吏，指偏裨将佐怒而不服，遇敌怼duì因怨恨而意气用事而自战，将不知其能，曰崩。将弱不严，教道不明，吏卒无常等级秩序，陈兵纵横纵横，杂乱无章，曰乱。将不能料分析，判断敌，以少合攻击众，以弱击强，兵无选锋选锋，挑选勇敢善战的士卒组成精锐部队，曰北。凡此六者，败之道也；将之至任，不可不察也。

夫地形者，兵之助辅助条件也。料敌制胜，计研究险阨è险要的地势远近，上将上将，高明的将领之道也。知此而用战者必胜，不知此而用战者必败。故战道战道，指战争的客观形势必胜，主君主曰无战，必战可也；战道不胜，主曰必战，无战可也。故进不求名，退不避罪，唯人士卒是保，而利合于主谓与国君的利益一致，国之宝也。

视卒如婴儿，故可与之赴深溪；视卒如爱子，故可与之俱死。厚厚待士卒而不能使指挥，爱指一味溺爱而不能令，乱而不能治，譬若骄子，不可用也。

知吾卒之可以击，而不知敌之不可击，胜之半也谓胜负的可能性各占一半；知敌之可击，而不知吾卒之不可以击，胜之半也；知敌之可击，知吾卒之可以击，而不知地形之不可以战，胜之半也。故知兵者，动而不迷盲目迷乱，举而不穷谓作战方针因敌制宜，变化无穷。故曰：知彼知己，胜乃不殆；知天知地，胜乃不穷。

九地第十一

本篇根据战略要求，分战场上的地形组合为九类，并论述了将帅如何利用九种地形战胜敌人。

孙子曰：用兵之法，有散地，有轻地，有争地，有交地，有衢地，有重地，有圮pǐ毁坏，坍塌地，有围地，有死地。诸侯自战其地自战其地，在自己的领地内与敌作战，为散地散地，士卒容易逃散的地方；入人之地而不深不深，不深入，容易撤退到本土上者，为轻地；我得则利，彼得亦利者，为争地争地，谁先占领谁就处于有利地位的兵家必争之地；我可以往，彼可以来者，为交地交地，道路通达、交通便利的地带；诸侯之地三属三属，即多属，指多方毗邻的诸侯领地，先至而得天下之众者，为衢地；入人之地深，背离城邑多者，为重地重地，指深入敌境，离自己城邑远，难以返回的地带；行山林、险阻、沮jǔ泽沮泽，水草丛生的地带，凡难行之道者，为圮pǐ地；所由入者隘狭窄，所从归者迂迂回曲折，彼寡可以击吾之众者，为围地；疾战疾战，力战则存，

“胜敌之地有九，故次地形之下。”（李筌注，引自《十一家注孙子校理》）

“用兵之地，利害有九也。”（王皙注，引自《十一家注孙子校理》）

“用兵之地，其势有九。此论地势，故次地形。”（张预注，引自《十一家注孙子校理》）

各家注解释了此一篇和上一篇《地形》的关系。“地形”侧重山川险、隘、支、挂之形，“九地”侧重地的势、地理位置的利害关系。

在境内之地战，士卒意不专，牵绊多，所以称为“散”地。

入敌之地不远，道近易返，所以称为“轻”地。

“衢地者，三属之地，我须先至其冲，据其形势，结其旁国也。天下，犹言诸侯也。”（杜牧注，引自《十一家注孙子校理》）

不疾战则亡者，为死地。是故散地则无战，轻地则无止停留。无止，即迅速撤回本土，争地则无攻无攻，谓已被敌人占领，则不宜强攻，交地则无绝无绝，部队保持联系，以防敌人截击，衢地则合交合交，与当地百姓结交，搞好军民关系，重地则掠夺取敌国的物资补给军用，圮地则行迅速通过，围地则谋运用计谋，出奇制胜，死地则战。

所谓古之善用兵者，能使敌人前后不相及继。不相及，不能相互照应，众大部队寡小部队不相恃倚靠，贵将官贱士兵不相救，上下不相收谓部队的建制被打乱，上下失去联系，不能收拢，卒离而不集，兵合而不齐句谓使其兵力分散，不能聚合，即使聚合也不能齐心协力地作战，合于利而动，不合于利而止。敢问："敌众人数众多整阵势齐整而将来，待抵御之若何？"曰："先夺其所爱，则听矣句谓首先攻取敌人必救的要害之处，敌人就不得不听任我方摆布了。"兵之情主速，乘人之不及不及，不及准备，由经不虞预料之道，攻其所不戒戒备也。

凡为客为客，指深入敌境作战之道，深入则专专心死战，主人不克谓战场所在国不能取胜；掠于饶富野，三军足食；谨养而勿劳，并气并气，

围地，出入艰难之地，容易形成合围之势，也易于埋设伏兵。

首段提出"九地"并解释。

鼓舞士气积力积力，积蓄力量；运兵计谋，为不可测。投之无所往谓把部队置于无路可逃的绝境，死且不北败退；死焉不得谓死都不怕，还有什么做不到的呢，士人士人，官兵尽力。兵士甚陷则不惧，无所往则固军心稳固。深入则拘人心得到束缚，不会涣散，不得已则斗。是故其兵不修而戒不修而戒，不须整治督促，自然能够有充分的戒备，不求而得，不约而亲，不令而信信守纪律。禁祥禁祥，禁止迷信活动去疑，至死无所之。吾士无余财，非恶厌恶货财物也；无余命，非恶寿恶寿，厌生也。令发之日，士卒坐者涕沾襟，偃倒卧者涕交颐yí面颊。投之无所往者谓投之死地，诸专诸，春秋时吴国人。吴公子光（即后来的吴王阖闾）欲杀吴王僚自立，请专诸为刺客。专诸藏匕首于鱼腹内，伪装向吴王僚献鱼，乘机刺杀了吴王，自己也当场被杀刿guì曹刿，又名曹沫，春秋时鲁国武士。鲁君与齐君在柯（今山东东阿）相会，曹刿持剑相从，并在关键时刻挟持了齐君，强迫他与鲁国订立了盟约，为鲁国收回失地之勇也谓士卒皆有专诸、曹刿之勇。

故善用兵者，譬若率然率然，神话传说中的一种蛇。《神异经·西荒经》载："西方山中有蛇，头尾差大，有色五彩。人物触之者，中头则尾至，中尾则头至，中腰则头尾并至，名曰率然。"张华注："会稽常山最多此蛇。"。率然者，常山之蛇也，击其首则尾至，击其尾则首至，击其中则首尾俱至。敢问："兵可使如率然乎？"曰："可。"夫吴人与越人相恶结怨也按：当时吴国与越国结怨，战争一触即发，孙武向吴王献兵法十三篇，当其同舟而济渡河，遇风，其相救如左右手。是故方马埋轮方马埋轮，把马并排地系在一起，把车轮埋起来，以稳定军队，未足恃也；齐勇若一谓个个奋勇杀敌，如同一人，政之道也；刚指进攻柔指防守皆得应付裕如，地之理也谓在于恰当地掌握和利用地理形势。故善用兵者，携手若使一人，不得已止也。

将统领，指挥军之事，静沉着冷静以而幽幽深莫测，正端正严肃以治治军有方。能愚瞒卒之耳目，使之无知。易改变其事，革去除其谋，使人无识。易改变其居，迂迂回其途，使人不得虑不得虑，不知我所虑之事。帅与之期谓统帅与士卒会期，如登高而去其梯。帅与之深入诸侯之地，而发触发其机弩机，焚舟破釜谓以示决一死战，若驱群羊，驱而往，驱而来，莫知所之。聚三军之众，投之于险险地，此谓将军之事也。

九地九地，九种地形之变形势的变化，屈伸之利利弊，人情之理，不可不察也。凡为客之道，深深入敌人后方阵地则专，浅未深入则散。去国越境而师用兵者，绝地也；四达者，衢地也；入深者，重地也；入浅者，轻地也；背固前隘者谓背后地势险固，前面道路狭隘，行动受到限制的地区，围地也；无所往者，死地也。是故散地，吾将一统一其指士兵志心志；轻地，吾将使之属zhǔ前后连接；争地，吾将趋其后趋其后，使后续部队迅速跟进，占领争地；交地，吾将谨其守；衢地，吾将固其结结盟友好的诸侯；重地，吾将继其食；圮pǐ地，吾将进其涂同

静而深沉，他人不能测；公正无偏倚，能达到“治”的效果。

你怎么看待孙子的“愚兵”之术？

这几段，似乎宕离“九地”谈“夺爱则听”“为客之道”“善用兵”和“将军之事”。思考这几段和“九地”之间的逻辑关联。

这里的几“地”，不完全对等于“九地”。

这一段提出针对“九地”的不同策略。

“无法”“无政”并不是真的“没有”法“没有”政。中国传统文化里的“有无”“虚实”等，有深沉的哲学意味和深厚的美学意蕴。

战例：项羽率兵渡黄河营救赵国以解巨鹿之围。过河之后，把饭锅打破，把渡船凿沉，表示有进无退之志心。无退路的楚军最终大破秦军。

“途”。进其涂，迅速通过险恶的圮地；围地，吾将塞其阙缺口。塞其阙，堵塞容易受到敌人袭击的缺口；死地，吾将示之以不活不活，指决一死战。故兵之情，围则御，不得已则斗，过过去则从追击。

是故不知诸侯之谋者，不能预通“与”交；不知山林、险阻、沮泽之形者，不能行军；不用乡导乡导，即向导者，不能得地利。四五者四五者，指上述九地的利害关系一不知，非霸王之兵也。夫霸王之兵，伐大国，则其众不得聚谓军队来不及集结抵抗；威加于敌，则其交交好之国不得合相连。是故不争天下之交谓不必争着同别国结交，不养天下之权谓不必在别国培植自己的势力，信己之私谓坚持自己的战略意图，威加于敌，故其城可拔，其国可隳huī毁坏。施行无法无法，指不按常法之赏，悬颁布无政无政，指不按常规之令号令，犯指挥，调度三军之众，若使一人。犯之以事，勿告以言解释的话；犯之以利，勿告以害。投之亡地然后存，陷之死地然后生。夫众陷于害，然后能为胜败胜败，偏指胜利。故为兵之事，在于顺通“慎”详详察敌之意，并敌一向谓集中兵力攻击敌人的一个地方，千里杀将，此谓巧能成事者也。

是故政举政举，决定战争行动之日，夷关夷关，封锁关口折符古代朝廷传达命令或征调兵将所用的凭证，用金属或竹木制成，双方各执一半，合之以验真假。折符，废除通行凭证，无通其使，厉揣摩于廊庙廊庙，朝廷之上，以诛治，谋划决策其事。敌人开阖hé门扇。开阖，谓敌人防备出现疏漏，使我方有隙可乘，必亟急速入之，先先夺取其所爱，微非与之期约定日期。践墨绳墨，法度。践墨，实施计划随敌随敌，随敌情的实际变化而不断加以修正，以决战事。是故始如处女，敌人开户开户，开启可攻击之门户，即出现疏漏；后如脱兔脱兔，脱逃之兔。谓动作迅速，敌不及拒。

火攻第十二

论述火攻的种类、目的、条件和实施的方法。

孙子曰：凡火攻有五，一曰火焚烧人敌军人马，二曰火积粮草储备，三曰火辎zī古代的一种车辆，此指军用器械，四曰火库，五曰火队suì通“隧”，交通运输要道。行火必有因条件，烟火必素平时具准备。发火有时，起火有日。时者，天之燥也；日者，月在箕、壁、翼、轸上述四者均为中国古代的星宿名称，是二十八宿中的四个也，凡此四宿四宿，指箕、壁、翼、轸四个星座。古人认为，月球行经这四个星座时就会刮风者，风起之日也。

凡火攻，必因五火五火，五种火攻之变而应采取相应措施之。火发于内，则早速应之于外。火发而其兵静兵静，敌兵不乱者，待而勿攻，极尽其火力，可从进攻而则，就从之，不可从而止。火可发于外，无待于内谓不必等待内应，以时条件成熟之时发之。火发上风，无攻下风。昼风久，夜风止。凡军必知有五火之变，以数守之谓留意四宿之度数，严为守备。

故以火佐辅助攻者明效果明显，以水佐攻者强。水可以绝隔绝，不可以夺指焚毁敌人的物资器械。

夫战胜攻取，而不修其功修其功，巩固胜利成果者凶危险，命曰费留通“流”，流失。费留，胜利成果白白地流失。故曰：明主虑之，良将修之。非利不动，非得不用谓不能取胜就不用兵，非危不战。主君主不可以怒而兴师，将不可以愠yùn愤怒而致战致战，动武。合于利而动，不合于利而止。怒可以复喜，愠可以复悦，亡国不可以复存，死者不可以复生。故明君慎之，良将警戒之，此安国全保全军之道也。

用间第十三

本篇论述了使用间谍的重要性、间谍的种类及其使用方法。

孙子曰：凡兴师十万，出征千里，百姓之费，公家之奉同“俸”，费用，日费千金；内外骚动，怠疲惫不堪于道路，不得操事操事，操作农事者，七十万家。相守对峙数年，以争一日之胜。而爱吝啬爵禄百金句谓吝啬高官厚禄和重金而不肯用间谍，不知敌之情者，不仁不仁，不顾国家和人民的利益之至也，非人指百姓之将也，非主君主之佐也，非胜之主胜之主，能够把握胜利的人也。故明君贤将，所以动而胜人动而胜人，一出兵就能打胜仗，成功出于众者，先知先知，事先了解敌人的情况也。先知者，不可取于鬼神，不可象于事象于事，用过去相似的事情来类比推理，不可验于度天象的度数（位置）。验于度，指依据日月星辰运行的位置推验吉凶祸福，必取于人指间谍，知敌之情者也。

故用间间谍有五：有因间因间，即下文所谓乡间，有内间，有反间，有死间，有生间。五间俱起，莫知其道理，是谓神纪神纪，神妙莫测之道，人君之宝也。因间者，因其乡人乡人，指敌国土著而用之；内间者，因其官人官人，敌国的官吏而用之；反间者，因其敌间敌间，敌方的间谍而用之；死间死间，作间谍而被敌方处死者，为诳事为诳事，散布假情报于外，令吾间吾间，我方间谍知之，而传于敌也；生间者，反报反报，在敌国刺探到情况后返回报告也。

故三军之事，莫亲亲信于间，赏莫厚于间，事莫密于间。非圣智圣智，过人的才智不能用间，非仁义不能使间，非微妙不能得间之实实情。微微妙哉！微哉！无所不用间也。间事未发而先闻者，间与所告者皆死处死。

凡军之所欲击，城之所欲攻，人之所欲杀，必先知其守将、左右左右，指守将身边的亲信、谒yè者谒者，负责传达通报的官员、门者门者，守门的官吏、舍人舍人，主将的幕僚宾客之姓名，令吾间必索搜索知之。必索敌人之间来间我间我，刺探我方情报者，因而利以利相诱之，导引导而舍放之，故反间可得而用也。因是此而知之，故乡间、内间可得而使也。因是而知之，故死间为诳事，可使告敌。因是而知之，故生间可使如期。五间之事，主必知之，知之指敌情必在于反间，故反间不可不厚厚待也。

昔殷商王盘庚将商朝的首都从亳（今山东曹县南）迁移到殷（今河南安阳小屯村），故商朝又称殷之兴也，伊挚伊挚，即伊尹，原为夏桀的大臣，后因夏桀无道，佐商汤灭夏，用为相在夏；周之兴也，吕牙吕牙，即姜子牙，曾为商纣王的大臣，周武王用他为军师，打败了商纣王在殷。故惟明君贤将，能以上智上智，具有高超智慧的人为间者，必成大功。此兵之要关键，三军所恃依靠而动也谓军队要依靠间谍所提供的情况来确定具体的行动计划。

尉缭子直解

天官第一

本篇论述了战争胜败的根本因素在于是否充分发挥了人的作用。

梁惠王梁惠王，战国时魏国国君，公元前369~公元前319年在位问尉缭子曰："黄帝黄帝，我国原始社会末期的部落首领，姓姬，号轩辕氏、有熊氏，相传是中原各族的共同祖先刑德刑德，谓用施暴和施恩两种方法统治人民，可以百胜，有之乎？"尉缭子对曰："刑以伐之谓用武力征伐敌人，德以守之谓施恩德巩固天下，非所谓天官天官，天象。古代迷信用自然现象来附会人事，把天官、时日、阴阳、向背等自然现象看成是人间祸福的征兆、时时辰日日期、阴阳、向背向背，岁星的正面和反面也。黄帝者，人事人事，人的行为而已矣句谓黄帝所说的刑德，是强调人的行为的作用而已。何者？今有城，东西攻不能取，南北攻不能取，四方岂无顺时乘攻打之者耶句谓四个方面难道没有能顺应吉利的时辰去攻打这个城的吗？然不能取者，城城墙高池护城河深，兵兵器器守城器械备具备具，齐全，财谷多积，豪士豪士，豪杰之士一谋一谋，意见一致，同心协力者也。若城下低矮、池浅、守弱，则取之矣。由是观之，天官时日不若人事也。按作者加进去的说明性文字，以“按”或“案”字领起《天官》曰：‘背水陈布阵为绝地绝地，置军队于死地，向阪山坡陈为废军废军，置军队于无用之地。’武王伐纣，背济水济水，“济”当为“清”字之误。清水，源于今河南修武县，与卫河汇合后注入黄河向山阪而陈，以二万二千五百人，击纣之亿十万万而灭商，岂纣不得天官之陈哉？楚将公子心公子心，人名，复姓公子，事迹不详与齐人战，时有彗星出，柄彗星的尾巴在齐，‘柄所在胜’柄所在胜，《尉缭子》引《天官》上的话，不可击。公子心曰：‘彗星何知？以彗斗者谓用扫帚打人者，固倒而胜焉谓本来就要倒过来打对方，才能取胜。’明日与齐战，大破之。黄帝曰：‘先神先鬼谓作战前先向神鬼问吉凶，先稽考察我智谓不如先考察一下自己的才智。’谓之天官，人事而已。”

兵谈第二

本篇主要论述立国、建军、用兵的指导思想。

量估量土地肥硗qiāo贫瘠而立邑建城。以城称地，以地称人，以人称粟。三者相称，则内可以固守，外对外可以战胜。战胜于外，备主于内句谓能够在外打败敌人；靠的是内部准备充分，胜备相应，犹合符节符节，古代刻有文字的凭证，一分为二，有关双方各执一半，遇事验两半相合与否，即可断明真假，无异故也句谓这是内外两方面没有差异的缘故。

治兵者，若秘于地谓像大地一样神秘莫测，若邃suì深，远于天，生于无谓表面上无形无影，却蕴藏着巨大的力量，故斗之，大不窕不足。句谓大规模作战时不显得兵力不足，小不恢满，过剩。明乎禁禁止舍宽恕、开塞开塞，可以自由活动的区域与不可随便出入的区域，参《兵教下》，民流流散者亲安抚之，地不治者任耕种之。夫土广而任则国富，民众而治安定则国治。富治者，车不发轫刹住车轮的木棍。发轫，指开动战车，甲铠甲不出橐袋子。句谓不使用军队，而威制天下。故曰：兵胜于朝廷谓军事上的胜利靠的是朝廷的政治决策。不暴pù出甲而胜者，主君主胜（在政治上）胜利也；陈布阵打仗而胜者，将胜也。

兵起，非可以忿也谓起兵打仗，不可以凭着一时之怒。见胜则兴起兵，不见胜则止。患祸乱在百里之内，不起一日之师一日之师，只能作战一天的军队；患在千里之内，不起一月之师；患在四海之内，不起一岁之师。

将者，上不制于天天时，下不制于地地利，中不制于人。宽气量大不可激而怒，清清廉不可事以财事以财，用钱财去诱惑。夫心狂、目盲、耳聋，以三悖掩蔽不明。三悖，即上文的心狂、目盲、耳聋三种率人者，难矣。

兵之所及，羊肠羊肠，指在羊肠小道上作战亦胜，锯齿锯齿，指在崎岖不平的地形上作战亦胜，缘山缘山，指在山地作战亦胜，入谷亦胜。方方阵亦胜，圆圆阵亦胜。重行动稳重者，如山如林谓像大山、森林一样稳健，如江如河谓像江河一样势不可当；轻疾速行动者，如炮如燔火烧。谓像火一样猛烈，如垣墙压之谓像高墙一样压向敌人，如云覆之。令之聚不得以散，散不得以聚，左不得以右，右不得以左。兵兵器如总聚合木，弩如羊角，人人无不腾陵腾陵，跳跃张胆，绝乎疑虑，堂堂堂堂，雄壮的样子决果断而去谓英勇果敢地投入战斗。

制谈第三

本篇论述国家的政治、军事制度对战争胜利的保证作用。

凡兵，制军纪必先定。制先定，则士不乱；士不乱，则刑乃明。金鼓金鼓，指命令所指，则百人尽斗。陷行陷行，冲击敌人队伍乱陈，则千人尽斗。覆围歼军杀将，则万人齐刃，天下莫能当阻挡其战矣。

古者，士有什伍什伍，古代军队编制单位，十人为什，五人为伍，车有编列编列，古代战车编制，十五乘为编，五乘为列，一说五编为列。鼓鸣旗麾通“挥”，先登者，未尝非多力国士多力国士，杰出人物也；先死者，亦未尝非多力国士也。损敌一人而损我百人，此资敌资敌，加强了敌人的力量而伤我甚焉，世平庸将将领不能禁制止。征役分军谓征召入军，分编到各自的部队而逃归，或临战自北败逃，则逃伤甚焉，世将不能禁。杀人于百步两脚各向前移动一次叫步。古一步相当于今两步之外者，弓矢也；杀人于五十步之内者，矛戟也。将已鼓而士卒相嚣喧哗，拗折断矢折矛抱通“抛”戟，利以……为有利后发谓认为出发在后对自己有利，即畏缩不前。战有此数者，内自败也，世将不能禁。士失什伍谓战斗时士兵脱离了自己的队伍，车失编列，奇兵奇兵，出奇制胜的机动部队捐弃将而走，大众亦走，世将不能禁。夫将能禁此四者，则高山陵翻越之，深水绝渡过之，坚陈犯冲击之。不能禁此四者，犹亡同“无”舟楫绝江河，不可得也。

民非乐死而恶生也。号令明，法制审详明，故能使之前。明赏于前，决罚决罚，果断地处罚于后，是以发能中zhòng利中利，得到预期的利益，动则有功。

今百人一卒卒长，千人一司马司马，官名，万人一将，以少诛讨伐众，以弱诛强。试听臣言其术，足使三军之众。诛一人无失违背刑刑律，父不敢舍放弃子谓不敢对犯罪的儿子不施刑，子不敢舍父，况国人乎！

一贼亡命之徒仗剑击于市，万人无不避之者，臣谓非一人之独勇而万人皆不肖也。何则？必死与必生谓决心一死的人和期望活下去的人，固不侔等同也。听臣之术，足使三军之众为一死贼，莫当同“挡”其前，莫随其后，而能独出独入焉。独出独入者，王王者霸霸者之兵也。

有提率领十万之众而天下莫当者谁？曰：桓公齐桓公，春秋五霸之一。姓姜，名小白，春秋时齐国国君也。有提七万之众而天下莫当者谁？曰：吴起吴起，战国初期政治家、军事家也。有提三万之众而天下莫当者谁？曰：武子武子，孙武，春秋末年的军事家也。今天下诸国士，所率无不及二十万之众者，然不能济成就功名者，不明乎禁、舍、开、塞也。明其制，一人胜之谓一人能取胜，则十人亦以胜之也谓十人也在他带动下去取得胜利；十人胜之，则百千万人亦以胜之也。故曰：便吾器用谓改善我军的武器装备，养吾勇武，发之如鸟鸷鸟击搏击，如赴千仞八尺之溪山涧。

今国被遭受患外患者，以重宝出聘出聘，送礼，以爱子出质出质，做人质，以地界出割，得天下助卒助卒，援兵，名为十万，其实不过数万耳。其兵来者，无不谓其将谓出援兵之国的国君告诫其将曰：“无为人下，先战句谓不要落后他人，要争先作战。”其实不可得而战也。

量治理吾境内之民，无伍古代户籍和军队的编制单位，户籍五户为伍，军队五人为伍。此泛指编制莫能正治理矣。经制经制，编理节制十万之众，而王必能使之。衣穿吾衣，食吃吾食，战不胜，守不固者，非吾民之罪，内自致招致，造成也。天下诸国助我战，犹良骥騄耳騄耳，也作"騄駬"、"绿耳"，良马名，周穆王八骏之一之驶，彼驽马驽马，劣马鬐qí马鬃兴竖起角逐谓与敌良马较量，何能绍续吾气绍吾气，继续振作我军的士气哉！

吾用天下之用财物以为用，吾制天下之制制度以为制。修严明吾号令，明吾刑赏，使天下非农参加耕种无所得食，非战参加战争无所得爵。使民扬臂争出农战，而天下无敌矣。故曰：发号出令，信行全国谓发号施令，只有取信于民才能在全国推行。

民言有可以胜敌者，毋不要许其空言，必试其能战也。视人之地而有占有之，分人之民而畜养之，必能内有内有，拥有其贤者也。不能内有其贤，而欲有天下，必覆军杀将。如此，虽战胜而国益更加弱，得地而国益贫，由国中之制弊矣。

战威第四

本篇论述战斗力的构成因素以及增强军队战斗力的方法。

凡兵有以凭借道正确的政策胜，有以威胜，有以力胜。讲武讲武，认真研究战争料判断敌敌情，使敌之气失而师散，虽形指军队的组织形式全完整而不为之用不为之用，不为敌国作战，此道胜也。审法制，明赏罚，便器用，使民有必战之心，此威胜也。破军杀将，乘登上闉yīn通“堙”，为攻城而在城外堆起的土山发机，溃众夺地，成功乃返，此力胜也。王侯知此，所以三胜者毕矣谓用来取胜的三种方法都会运用了。

夫将之所以战者，民也句谓将领用来作战的是士兵；民之所以战者，气也。气实充足，旺盛则斗，气夺失去则走。刑指对违反军令者的处罚措施未加，兵未接，而所以夺敌者五：一曰庙胜庙胜，在庙堂之上取胜，即凭借决策正确取胜之论，二曰受命受命，君主任命良将之论，三曰逾垠边界。逾垠，迅速进入敌人防区，使敌惊惧之论，四曰深沟高垒深沟高垒，做出要固守的样子之论，五曰举陈加刑之论，此五者，先料敌而后动，是以击虚薄弱之处夺之也。善用兵者，能夺人而不夺于人。夺者，心之机心之机，指智慧的运用也。令者，一众心也。众不审则数shuò变谓士兵不明察是非，号令也随之屡次变更，数变，则令虽出，众不信矣。故令之法，小过无更，小疑无申重申。故上无疑令疑令，模棱两可的命令则众不二听，动无疑事疑事，犹豫不决的事情则众不二志。未有不信其心信其心，使士兵从内心里信任将帅而能得其力者，未有不得其力而能致其死战者也。

故国必有礼崇尚礼节信讲究信义亲爱亲爱，谓相亲相爱之义，则可以饥易饱以饥易饱，把饥饿当作饱，即忍饥挨饿也会为国效力。国必有孝尊敬老人慈爱护幼者廉耻之俗，则可以死易生。古者率民，必先礼信先礼信，先用礼、信感化而后爵禄，先廉耻谓使民先有廉耻之心而后刑罚，先亲爱谓对民众施以恩惠而后律规范，约束其身。

故战者战者，指挥作战的人，必本乎率身率身，以自身作出表率以励众士，如心之使四肢也。志战斗的意志不励，则士不死节，士不死节，则众不战。励士之道，民之生养生的财俸不可不厚也。爵列之等谓官爵的等级，死丧之亲谓民有丧事时给予的抚恤，民之所营求，不可不显明确也。必也因民所生而制规定，确定之谓根据士卒的生活所需确定供给的标准，因民所荣所荣，所建立的功绩而显表彰之，田禄之实谓使士卒在田地俸禄方面得到实惠，饮食之亲谓在饮食方面得到照顾，乡里相劝鼓励。谓邻里相互鼓励，死生相救帮助，兵役相从谓有战争时一个接一个应征入伍，此民之所励也。使什伍什伍，此泛指士卒如亲戚，卒士卒伯上级如朋友，止如堵墙谓军队驻扎下来就如铜墙铁壁一样牢不可破，动如风雨，车不结辙车轮留下的轨迹。结辙，战车因调头转向使轨迹弯曲如结，此指退却，士不旋踵旋踵，调转脚跟，指掉头逃跑。此本战之道方法也谓这就是掌握战争根本的方法。

地所以养民也，城所以守地也，战所以守城也。故务耕者民不饥，务守者地不危，务战者城不围（被）围困。三者，先王之本务本务，根本的大事。本务者，兵军事最急要紧。故先王专于兵有五焉：委积委积，积累，指准备粮草不多，则士不行；赏禄不厚，则民不劝；武士不选，则众不强谓整个部队的战斗力不强；器用不备完备，则力不壮；刑赏不中公正，则众不畏。务此五者，静驻扎能守其所固所固，所要防守的地方，动能成其所欲。

夫以居居守攻出出击。谓防御部队攻击来犯之敌，则居欲重严密，陈欲坚，发欲毕尽。谓攻击敌人要使用全部力量，斗欲齐行动协调一致。

王国富使富足民，霸国富士贵族的最低阶层，仅存之国仅存之国，谓没落的国家富大夫大夫，地位介于卿、士间的贵族阶级，亡国亡国，指行将灭亡的国家富仓府仓府，指国君的府库。所谓上满下漏，患无所救。

故曰：举贤任能，不时日而事利谓不选择吉日良辰，做事也会顺利；明法审令谓法令严明，不卜筮卜筮，古代两种占卜活动，用龟甲占叫卜，用蓍草占叫筮而获吉；贵使尊贵功养劳谓提高有功者的地位，增加他们的俸禄，不祷祠祷祠，祈祷而得福保佑。又曰：天时不如地利，地利不如人和。圣人所贵，人事而已。

夫勤劳之师，将不先己：暑不张盖车上挡雨和太阳的伞状顶盖，寒不重衣重衣，衣外加衣，险道路不平必下步下步，下马步行，军井成而后饮，军食熟而后饭，军垒成而后舍，劳佚通“逸”必以身同共之谓与士卒同甘苦。如此，师虽久而不老疲弊不弊。

攻权第五

本篇论述攻城的原则与方法。

兵以静镇静胜，国以专统一胜。力分者弱，心疑者背违背，行动不一致。夫力弱，故进退不豪大胆，纵敌不擒。将吏士卒，动静一身一身，像一个人一样，指行动一致，心既疑背，则计计策决定而不动，动决动决，行动起来而不禁。异口虚言谓军中议论纷纷，传布着不实之辞，将无修严肃容面容，卒无常正常试训练，发攻必衄nǜ失败，是谓疾快速陵陵迟，衰败之兵，无足与斗。将帅者，心心脏也；群下者，支四肢节关节也。其心动以诚确实无疑，则支节必力；其心动以疑，则支节必背。夫将不心制心制，像心脏一样控制四肢，卒不节动节动，像关节一样活动自如，虽胜，幸侥幸也，非攻权谋略也谓不是进攻的谋略好所取得的胜利。

夫民无两畏两畏，指畏将帅与畏敌人也。畏我自己的将帅侮轻视敌，畏敌侮我。见侮者谓被轻视的军队败，立威者胜。凡将能其道能其道，能在军中树立威信，使士卒畏惧者，吏畏其将也；吏畏其将者，民畏其吏也；民畏其吏者，敌畏其民也。是故知胜败之道者，必先知畏侮之权。夫不爱说同“悦”其心爱说其心，爱护士卒，使之心悦诚服者，不我用也谓不为我所用；不严畏尊敬其心严畏其心，使士卒在心中产生尊敬与畏惧感者，不我举行动也。爱在下顺谓爱抚在于使士卒顺服，威在上立谓威信在于使将帅自立。爱故不二谓将帅能爱抚士卒，因而士卒无二心，威故不犯违抗（命令）。故善将者，爱施爱与威立威而已。

战不必胜，不可以言战；攻不必拔，不可以言攻。不然，虽刑赏刑赏，用严刑重赏的手段不足信确立威信也。信在期前谓威信要在平时树立，事在未兆萌发。谓事变要在事前预见。故众已聚不虚散，兵已出不徒归徒归，无功而回。求敌若求亡丢失子孩子，击敌若救溺人。

因险者无战心谓利用险要地形进行防守的军队，没有决战的意图，挑战者无全气气力，此指兵力。无全气，不投入全部兵力，斗战斗战，鲁莽作战者无胜兵。

凡挟义正义而战者，贵从我起发起，争私结怨谓为私人目的或怨结而战，应不得已。怨结虽起，待之贵后谓即使是因怨结而引起战争，最好是后发制人。故争必当待之，息战争结束必当备之。

兵有胜于朝廷胜于朝廷，在朝堂上制胜，指凭好的政策取胜，有胜于原野，有胜于市井市井，指代城邑。胜于市井，指靠攻城取胜。斗则得获胜，服屈服则失，幸侥幸以不败，此不意料想到彼惊惧而曲意外胜之也，曲胜言非全完整的胜利，指通过战前的准确谋略、战争中的正确指挥调度所取得的胜利也。非全者无权名权名，有权谋的名声。故明英明主将帅战攻之日，合鼓合角谓使军队的行动听从鼓角的指挥，节节制，指挥以兵刃，不求胜而胜也。兵有去备去备，做出毫无戒备的假象撤威撤威，做出惧怕的样子而胜者，以因为其有法故也。有器用器用，战争所需品之蚤早定也，其应敌也周周备，其总率总率，统帅（军队）也极达到最高境界。故五人而伍，十人而什，百人而卒，千人而率，万人而将，已周已极谓军队编制、各级军官安排已当，其朝死则朝代替代，接替，暮死则暮代。权谋，估测敌敌情审将审将，了解其将帅的才能，而后举兵。

故凡集集合兵军队，千里者旬日旬日，十天。谓在千里之外的用十日，百里者一日，必集敌境。卒聚将将领至，深入其地，错绝其道谓切断敌人各处的交通，栖包围其大城大邑，使之登城逼近危谓迫使敌人困守孤城，进入危险境地。男女数重，各逼地形，而攻要塞句谓男男女女层层叠叠，逼近各个重点地段，攻击战略要地。据一城邑，而数道绝，从而攻之句谓敌人据守孤城，四面交通被切断，在这种情况下对敌发起攻击，敌将帅不能信确立威信，吏卒不能和协调一致，刑有所不从者，则我败击败之矣。敌救未至，而一城已降。津渡口梁桥梁未发启用，要塞未修，城险防御工事未设，渠答渠答，古代两种守城工具，起阻挡矢石的作用未张设，则虽有城无守矣。远边远堡堡垒未入驻军，戍客未归谓戍边的部队没有调动到位，则虽有人无人矣。六畜未聚，五谷未收，财用未敛征收，则虽有资无资矣。夫城邑空虚而资尽者，我因其虚而攻之。法兵法曰："独出独入谓我军行动自如，如入无人之境，敌不接刃而致通"制"，制服，战胜之。"此之谓也。

守权第六

本篇论述守城的三个原则。

凡守者，进不郭外城圉通“御”，抵御。谓主动出击时，不在郭外迎击敌人、退不亭古代在郭之内外险要之处所筑的用以监视敌情或接收情报的亭台障亭障，谓固守城郊的险要据点以御战，非善者也。豪杰雄俊，坚甲利兵，劲弩强矢，尽在郭中，乃收窖地穴廪粮仓。谓收集城外的粮食，毁拆谓拆除城外的房屋而入保入保，入内城固守，令客气十百倍而主之气不半焉谓这样做就会使来犯的敌人气焰嚣张而守城军民士气低落，敌攻者伤之甚矣谓守军损伤很大。然而世将弗能知懂得（这个道理）。

夫守者，不失险者也。守法：城一丈，十人守之，工工匠食伙夫不与参加焉。出者出者，出击部队不守，守者不出。一而当十，十而当百，百而当千，千而当万。故为城郭者，非妄费于民妄费于民，妄费民力聚土壤也，诚为守也。千丈之城则万人守之，池深而广，城坚而厚，士民备充足，薪食给保障供给，弩坚矢强，矛戟称之。此守法也。

攻者不下十余万之众，其有必救之军必救之军，必定会救援的部队者，则有必守之城必守之城，必定守得住的城；无必救之军者，则无必守之城。若彼城坚而救诚确定，则愚夫蠢妇无不蔽遮挡城蔽城，捍卫城邑尽资血城血城，为守城流血牺牲者。期jī满年之城，守余多于攻者，救余于守者。若彼城坚而救不诚，则愚夫蠢妇无不守陴pí城垛而泣下，此人之常情也。遂发其窖廪救抚，则亦不能止矣。必鼓其豪杰雄俊，坚甲利兵，劲弩强矢并于前，幺yāo么mǒ幺么，微小，此指年幼毁伤残瘠瘦弱者并于后。

十万之军顿屯积于城下，救必开之谓救兵必须能冲开重围，守必出之。据要塞，但救其后，无绝其粮道谓使守军粮道不被切断，中外相应策应，此救而示之不诚，则倒颠倒敌倒敌，迷惑敌人而待之待之，等待战机者也。后其壮谓把强壮的士兵置于军后（以对付援军），前其老，彼敌无前无前，不能向前攻城，守不得而止矣谓守城的军队就不会再被困了。此守权之谓也。

十二陵第七

本篇论述将帅应具有的修养，从正反两方面提出了为将帅的经验与教训。

威在于不变谓威信在于坚定不移，惠布施恩惠在于因凭借，利用时时机，机机变在于应事应事，适应情况，战在于治激励气士气，攻在于意表意表，出其不意，守在于外饰外饰，加强人的因素以外的工作，指整理守城器具，无过在于度数度数，考虑周全，无困在于豫备豫备，早作准备，慎在于畏小畏小，防止小事故发生，智在于治大治大，统管全局，除害在于敢果敢断坚决，得众在于下人下人，礼贤下士，悔在于任疑任疑，犹豫不决，孽罪恶在于屠戮，偏不公正在于多赞美，喜欢私，不祥在于恶wù闻己过，不度用度，财物。不度，用度不足在于竭民财，不明在于受间离间，不实不实，行动无成效在于轻发轻发，轻举妄动，固陋固陋，固执浅薄在于离贤，祸在于好hào利，害在于亲小人，亡在于无所守无所守，没有做好防御准备，危在于无号令。

武议第八

本篇论述战争的目的和性质，战争与经济的关系以及将帅在战争中的作用。

凡兵，不攻无过之城，不杀无罪之人。夫杀人之父兄，利占有人之货财，臣使为臣妾使为妾人之子女，此皆盗也。故兵者，所以诛暴乱，禁不义也。兵之所加者所加者，所讨伐的国家，农不离其田业谓要使农民不离开他们的土地，贾不离其肆宅肆宅，店铺，士大夫不离其官府，由其武议武议，谈论军事，此指用兵打仗的目的在于一人一人，指罪魁祸首，故兵不血刃而天下亲焉。

万乘万乘，大国。春秋战国时期，大国有兵车万乘，中等国家千乘，小国百乘农战农战，士兵既耕种又打仗（以足兵足食），千乘救守救守，自救自守，百乘事养事养，以养民为事。农战不外向外索求取权谓战守之权掌握在自己手中，不仰仗他人，救守不外索助，事养不外索资。夫出不足战谓出击不足以战胜敌人，入不足守谓退不足以进行防守，治之以市谓用发展集市贸易的办法来解决。市者，所以给供给战守也。万乘无千乘之助，必有百乘之市。

凡诛者，所以明显示武威严也。杀一人而三军震震动者，杀之。

杀一人而万人喜者，杀之。杀之贵大地位高的人，赏之贵小地位低下的人。当杀而虽贵重，必杀之，是刑上究到达也谓刑罚也对地位高的人施行；赏及牛童马圉马圉，养马的人者，是赏下流下流，地位低下的人也。夫能刑上究，赏下流，此将之武也，故人主重将。

夫将提鼓挥枹fú鼓槌，临难危难决战，接兵角斗刃，鼓之而当指挥得当，则赏功立名；鼓之而不当，则身死国亡。是兴亡安危，在于枹端，奈何无重将也？

夫提鼓挥枹，接兵角刃，君以武事武事，军事成功者，臣以为非难也。古人曰："无蒙冲蒙冲，一种蒙以兽皮的攻城车而攻，无渠答而守，是为无善无善，最善之军。"视无见，听无闻，由国无市也句谓士兵视力不好，听觉失聪，是由于国家无市场来聚资供给军队，使士兵营养不良造成的。夫市也者，百货之官管理。百货之官，管理百货的地方也。市买贱卖贵，以限士人。人食粟一豆dǒu同"斗"，马食菽豆三豆，人有饥色，马有瘠形，何也？市所出而官无主也谓是由于市场上出售的货物无人管理造成的。夫提掌握天下之节制节制，指军队的指挥权，而无百货之官，无谓其能战也。

兵起，直竟然使甲胄生虮虱甲胄生虮虱，比喻参战时间长久者，必为吾所效用也谓是士兵不得不为我效力的缘故。鸷鸟逐雀，有袭人之怀、入人之室者句谓有的钻进人的怀中，有的闯入人家，非出生也谓不是有意识地离开生养它的原野，后有惮畏惧也。

太公望太公望，姓姜名尚，又名吕尚。周文王到渭水之滨狩猎，遇见姜尚，喜道："吾太公望子久矣。"因此号"太公望"，辅佐周文王、武王灭商年七十，屠牛朝歌朝歌，商朝的国都，卖食盟津盟津，即孟津，在今河南孟津东北。相传武王伐纣，在此盟会天下诸侯，故又名盟津，过七十余而主不听主不听，未得明主任用，人人谓之狂夫也。及遇文王，则提三万之众，一战而天下定。非武议安得此合遇合也？故曰：良马有策马鞭，远道可致；贤士有合，大道可明。

武王伐纣，师渡盟津，右旄杆顶饰有旄牛尾的军旗左钺大斧，死士死士，敢死之士三百，战士三万。纣之陈亿万，飞廉、恶来飞廉、恶来，纣王的两员猛将，飞廉是恶来之父身先戟斧，陈开百里。武王不罢通"疲"，疲弊士民，兵不血刃，而克商诛纣，无祥吉祥异怪异也，人事人事，指用兵之道修不修谓讲究与不讲究用兵之道而然也。今世平庸将考研究孤不吉利的方位虚吉利的方位。孤虚，古代根据年、月、日、时的不同来判断方位吉凶的迷信方法，占咸池咸池，星名。占咸池，通过占星判断吉凶，合龟兆合龟兆，用龟判断吉凶。古人在龟壳上钻孔后用火烤，使龟壳出现裂纹（即兆），通过裂纹的走向判断吉凶，视吉凶，观星辰风云之变，欲以成胜立功，臣以为难。

夫将者，上不制于天，下不制于地，中不制于人。故兵者，凶器也，争者，逆违背德仁德也，将者，死官死官，掌管生杀大权也，故不得已而用之。无天于上谓将帅要上不受天时的限制，无地于下，无主于后，无敌于前。一人之兵谓全军上下团结一心的军队，如狼如虎，如风如雨，如雷如霆，震震冥冥冥冥，昏暗不明的样子。谓声势浩大而又神秘莫测，天下皆惊。

胜兵似水。夫水，至极，最柔弱者也，然所触丘陵必为之崩，无异也谓没有什么别的原因，性专而触诚也谓是因为水总是朝着一个方向不断地冲击。今以莫邪莫邪，宝剑名，锋利无比之利，犀兕sì古代称雌犀牛为兕。犀兕，指用坚硬的材料做成的胄甲之坚，三军之众，有所奇正，则天下莫当其战矣。故曰：举贤用能，不时日而事利；明法审令，不卜筮而获吉；贵功养劳，不祷祠而得福。又曰：天时不如地利，地利不如人和。古之圣人，谨人事而已。

吴起与秦战，舍驻军不平陇亩陇亩，田埂，朴樕sù朴樕，丛生的小树盖之，以蔽遮霜露。如此何也？不自高人不自高人，谓不自认为高人一等故也。乞人之死乞人之死，指要求他人为自己效死不索尊，竭人之力不责求礼不责礼，不要求他人对自己毕恭毕敬。故古者，甲胄之士不拜谓穿戴甲胄的将士见君不行跪拜之礼，示人无己烦也谓不因自己的缘故使他人烦劳。夫烦人而欲乞其死、竭其力，自古至今，未尝闻矣。

将受命之日忘其家，张军宿野谓率领军队驻宿野外忘其亲，援枹而鼓忘其身。吴起临战，左右进献，递剑，起曰："将专主掌管旗鼓耳，临难决疑，挥兵指刃谓指挥军队，此将事也，一剑之任谓用剑与敌人格斗，非将事也。"

三军成行成行，谓组成行列行军，一舍三十里而后成三舍。三舍之余谓行九十里后，如决川源谓如决开的江河势不可挡地前进。望敌在前，因其所长而用之谓根据敌人的特点对付它，敌白者垩è白土，此指白色之，赤者赭红色之句谓敌用使人白色标记，我军也用白色，敌人用红色标记，我军也用红色（以迷惑敌人）。

吴起与秦战，未合交锋，一夫不胜其勇，前获斩获双首而还。吴起立斩之。军吏谏曰："此材士也，不可斩。"起曰："材士则是矣，非吾令也。"斩之。

将理第九

本篇论述将帅执法要公正廉明的道理。

凡将，理官理官，处理天下大事的人也，万物人之主也，不私于一人。夫能无私于一人，故万物至而制裁决之谓各种事情发生都能裁决，万物至而命之。君子不救囚于五步之外谓君子能在极短的时间内查清冤情，解救被冤枉的人，虽钩矢射之，弗追也谓即使被人用箭射过，也不追究。故善审囚之情，不待箠楚箠楚，杖人的两种刑具，短木杖叫箠，荆杖叫楚。此指施刑而囚之情可毕矣。笞鞭打人之背，灼人之胁，束人之指，而讯囚之情，虽国士有不胜经受其酷，而自诬自诬，屈招矣。

今世谚云："千金不死，百金不刑句谓出千金，可免死；出百金，可免刑。"试听臣之言，行臣之术，虽有尧舜之智，不能关一言谓不能说一句通融的话，虽有万金，不能用一铢古代重量单位，一两的二十四分之一。今夫决狱决狱，断案，小圄yǔ监狱不下十数谓小的监狱囚禁的人不下十数，中圄不下百数，大圄不下千数。十人联牵连百人之事，百人联千人之事，千人联万人之事。所联之者，亲戚兄弟也，其次婚姻婚姻，有儿女婚姻关系的人也，其次知识知识，相识故人故人，朋友也。是这样农无不离田业，贾无不离肆宅，士大夫无不离官府。如此关联关联，牵连良民，皆囚之情真实情况也。兵法曰："十万之师出，日费千金。"今良民十万，而联于囹圄囹圄，监狱，上不能省察知，臣以为危也。

原官第十

论述设官分职的道理、君臣职权及施政方法。

官者，事之所主掌管，主管，为治之本也。制者，职分四民四民，指士、农、工、商四个阶层。谓按职守分管四民，治之分也。贵爵富禄必称谓授予的官爵和俸禄一定要与他的才德相称，尊卑之体根本也谓是区别尊卑的根本。好hào善罚恶，正比法比法，核查统计户口财产的法令，会计民之具也。均均分井地井地，井田，泛指土地，节减少赋敛，取与之度也。程限定日期工人谓限定从事各种劳动的人完成任务的期限，备预备，供应器用，匠工匠工，技艺高超的人之功事务也。分地塞要塞要，防守要地，殄tiǎn消灭怪禁淫殄怪禁淫，消除怪异邪恶之事也。守法稽断稽断，考察裁定是非，臣下之节职守也。明法稽验稽验，考察其功效，主上之操执掌，职责也。明主守主守，掌管，职守。谓明确每个人的职责，等区分等级轻重谓区分政事的轻重缓急，臣主之权职权也谓这是大臣掌管的职权。明赏赉lài奖赏，严诛责诛责，惩罚，止奸之术也。审开塞，守一道一道，统一的方针，为政之要关键也。下达上通谓上下情况通达无阻，至聪听力好之听也谓这是了解情况的最好方法。

知国有无之数国有无之数，指国家资财多少，用其仂lè零头，余数也谓这是节约开支的原因。知彼弱者谓懂得国力弱的原因，强之体也谓使国力增强的根本。知彼动动乱者，静之决也谓这是使国家安定的决定因素。官分文武，惟是王之二术也。俎豆俎豆，祭祀用的两种用具，此指祭祀同制，天子之会会合诸侯也。

游说游说，游说之士、间谍无自从入无自入，没有办法入境，即不听游说之士、间谍之人的说辞，正议正议，确保政治主张正确之术也。诸侯有谨敬畏天子之礼，君民维世谓君臣关系世代相传，承王之命也谓这就是承受天子之命。更更改号国号易常常规，制度，违王明德，故礼依据礼法规定得以伐之也。官无事从事治事治，为使社会安定而奔忙，上无庆赏，民无狱讼狱讼，纠纷，国无商贾商贾，商贩，成通“盛”，盛世王至正同“政”，政治也谓这是盛世国君最好的政治。明举上达谓举荐贤能使他在朝为官，成王至德德政也。

治本第十一

本篇论述治国的根本方法。

凡治人者何？曰：非五谷无以充腹，非丝麻无以盖形身体。故充腹有粒米，盖形有缕纺织品。夫在芸耨nòu芸耨，锄草，此指耕种，妻在机杼机杼，纺织机具，此指纺纱织布，民无二事二事，其他的事，则有储蓄蓄积。夫无雕文刻镂之事，女无绣饰纂组纂组，编织之作。木器液渗水，金器腥，圣人饮于土，食于土，故埏shān制陶器的模型埴zhí黏土。埏埴，烧制陶器以为器，天下无费。

今也，金木之性不寒不寒，不怕寒冷而衣绣饰，马牛之性食草饮水而给菽豆粟谷子。菽粟，泛指粮食，是治失违反其本（事物的）本性，而宜应该设之制设之制，建立制度来约束这些事情也。春夏夫出于南亩南亩，泛指农田，秋冬女练练染于布帛，则民不困。今短褐粗布衣服不蔽形，糟糠不充腹，失其治也。古者土无肥硗qiāo贫瘠，人无勤惰，古人何得而今人何失邪？耕有不终亩，织有日断机，而奈何寒饥？盖古治之行，今治之止也。

夫谓治者，使民无私也。民无私则天下为一家，而无私为自己耕私织，共寒其寒谓都把别人的寒冷当作自己的寒冷，共饥其饥。故如有子十人，不加一饭谓有十个孩子的人，也不增加其生活负担；有子一人，不损减少一饭谓也不减少其社会责任，焉有喧呼酖dān嗜酒酒以败善类善类，此指良好的社会风气乎？民有轻佻轻佻，轻薄、不安分的人。出乎一道，则欲心兴产生，争夺之患起矣。横悖逆生于一夫谓只要有一人违背无私的准则，则民私饭有储食，私用有储财。民一犯禁，而拘逮捕以用刑治治罪，乌怎么有其为人上也谓怎么配做万民之主呢？

善政善政，好的政治执坚持其制制度，使民无私；为下不敢私，则无为非者矣。反恢复本缘遵循理，出乎一道一道，统一的目标。谓人们的一切行为都为着实现一个共同的目标。出乎一道，则欲心去，争夺止，囹圄空，野充粟多，安民怀使归附远远人，指四方之民，外无天下之难，内无暴乱之事，治之至极点，最高境界也。

苍苍之天，莫知其极尽头。帝王帝王，此指五帝三王之君，谁为法则谓谁的治国方法可供效法呢？往世不可及，来世不可待，求己者也。

所谓天子者四四个（条件）焉：一曰神明神明，智慧超人，二曰垂光恩泽。垂光，广施恩惠，三曰洪大叙奖励，此指功业，四曰无敌。此天子之事也。

野物不为牺牲牺牲，祭祀所用供品，杂学不为通儒。今说者曰："百里之海，不能饮一夫谓不够一个贪得无厌的人喝，三尺之泉，足止三军渴。”臣谓欲生于无度节制，邪生于无禁。太上神化谓（解决贪欲、邪恶这样的问题）最高明的办法是用精神感化，其次因依据物人。谓针对人的特点加以引导，其下在于无夺民时，无损民财。夫禁必以武强制手段而成，赏必以文而成。

战权第十二

论述如何根据战场情况灵活运用战略战术。

兵法曰：千人而成权靠权谋，万人而成武凭威势。权先加施加于人者，敌不力交谓敌人无力与我交战，武先加人者，敌无威威势接抗争，故兵贵先。胜超胜于此指“先”，先发制人则胜战胜彼矣；弗胜于此，则弗胜彼矣。凡我往进攻则彼来反击，彼来则我往，相为胜败谓不是我胜敌，就是敌胜我，此战之理然也。夫精诚精诚，变化莫测的谋略在乎神明，战权战权，作战的具体策略在乎道之所及道之所及，用兵之道所要求的具体情况，谓决定于敌我双方的具体情况。有者无之谓有力量就装作力量不足的样子，无者有之，安所信之谓敌人怎么能知道我军的真实情况呢？

先王之所传闻者所传闻者，所为后世传颂的，任任用正正直的人去诈奸诈的人，存养，此指保护其慈顺慈顺，仁慈、顺服的人，决无留刑谓（对犯法之人）用刑决不留情。

故知道战争规律者，必先图考虑不知止不知止，不知停止，一味冒进之败，恶怎么在乎必往有功谓怎么能指望凡是进军都能胜利呢？轻进轻进，贸然进军而求战，敌复图考虑止阻击，我往而敌制胜矣。故兵法曰：求而从之谓敌人求战就去应敌，见而加攻击之谓发现敌军就去进攻，主人不敢当而陵冲犯之谓我军力量本不敢阻挡敌人却贸然与敌交战，必丧其权权谋。

凡夺（被）挫败者无气士气，恐者不守，可败者无人良将，兵无道也谓这都是不懂得用兵方法的缘故。意往向往。意往，谓全军上下斗志昂扬而不疑则从之，夺敌而无前无前，不敢前进则加侵陵之，明视明视，明察敌情而高居高居，居高临下则威之。兵道极矣。

其言无谨谨慎，偷取，此指军事秘密被敌人窃取矣；其陵犯无节节制，破矣；水溃雷击，三军乱矣。必安其危，去其患，以智决之。高之以廊庙之论廊庙之论，指军事决策。谓朝廷的决策要英明，重之以受命之论受命之论，指任命将领。谓选择将帅要慎重，锐之以逾垠边界之论谓进入敌境要迅速，则敌国可不战而服。

重刑第十三

本篇论述如何用重刑来维护战场纪律。

将自千人以上谓率领千人以上的将领，有战而北，守而降，离地逃众谓离开驻地弃军而逃，命曰国贼。身戮家残破，指抄没家产，去其籍官籍，发挖掘其坟墓，暴其骨于市，男女公于官谓全家男女没入官府为奴。自百人已通“以”上，有战而北，守而降，离地逃众，命曰军贼。身死家残，男女公于官。使民内畏重刑，则外轻敌。故先王明制度于前，重威刑于后。刑重则内畏，内畏则外坚外坚，坚强对敌矣。

伍制第十四

本篇论述军队内部以伍为基础的连保制度。

军中之制，五人为伍，伍相保相保，相互联系，相互承担责任也；十人为什，什相保也；五十人为属，属相保也；百人为闾，闾相保也。伍有干犯令犯违反禁者，揭揭发之免于罪；知而弗揭，全伍有诛处罚。什有干令犯禁者，揭之免于罪；知而弗揭，全什有诛。属有干令犯禁者，揭之免于罪；知而弗揭，全属有诛。闾有干令犯禁者，揭之免于罪；知而弗揭，全闾有诛。吏军官自什长已同"以"上，至左、右将左、右将，左军、右军的主将，上下皆相保也。有干令犯禁者，揭之免于罪；知而弗揭者，皆与同罪。夫什伍相保，上下相联，无有不得之奸坏人坏事，无有不揭之罪。父不得以私偏袒其子，兄不得以私其弟，而况国人？聚舍同食，焉哪里，怎么能以干令相私偏袒，包庇者哉句谓同吃同住的人，怎能用违反禁令的手段来相互包庇呢？

分塞令第十五

本篇论述军队营区的划分、警戒、禁令以及各级军官的权限。

中军，左、右、前、后军，皆有分地分地，各自的营地。方环绕四周之以行垣行垣，临时筑成的围墙而无通其交往。将有分地，帅有分地，伯周制，百人为卒，卒有卒长，或称伯长有分地，皆营其沟域谓各营地四周都开挖界沟，而明申明其塞令塞令，营地禁令，使非百人非百人，不是该伯的人无得通。非其百人而入者，伯诛之；伯不诛，与之同罪。军中纵横之道，百有又二十步而立一府柱府柱，旗杆，使人识别自己所属的部队，量人与地，柱道相望。禁行清道，非将吏之符节，不得通行。采薪采薪，砍柴的人刍牧刍牧，放牧牲口的人，皆成行伍；不成行伍者，不得通行。吏属无节符节，士无伍无伍，脱离队伍者，横门横门，营门诛之。逾分界干犯地营地者诛之。故内无干令犯禁，则外无不获之奸。

束伍令第十六

本篇论述战场上的赏罚制度和各级将吏的惩罚权限。

束约束伍部队之令曰：五人为伍，共一符伍符，军士五五相保的凭证，收于将吏之所。亡伍而得斩获伍者，当之谓伍中伤亡人员与斩获之数相等的伍，功罪相当；得伍而不亡，有赏；亡伍不得伍，身死家残。亡长zhǎng得长，当之；得长不亡，有赏；亡长不得长，身死家残。复战得首长除之除之，除去所获之罪。亡将得将，当之；得将不亡，有赏；亡将不得将，坐定罪离地遁逃遁逃，逃跑之法。战诛之法曰：什长得诛十人，伯长得诛什长，千人之将得诛百人之长，万人之将得诛千人之将，左、右将军得诛万人之将，大将军无不得诛。

经卒令第十七

本篇论述各军的军旗、士卒徽章的佩戴以及保证军队队形整齐的方法。

经管理卒军队者，以经令分之为三分焉。左军苍旗，卒戴苍羽；右军白旗，卒戴白羽；中军黄旗，卒戴黄羽。卒有五章徽章，标记：前一行苍章，次二行赤章，次三行黄章，次四行白章，次五行黑章，次以经卒谓按次序管理士卒，亡章者有诛。前一五行置章于首，次二五行置章于项脖子，次三五行置章于胸，次四五行置章于腹，次五五行置章于腰。如此，卒无非其吏，吏无非其卒。见非而不诘盘问，见乱而不禁，其罪如之。鼓行鼓行，击鼓令行列进军交斗，则前行进为犯难犯难，知难而勇进，后行退为辱众辱众，使全军受辱，玷污军誉，逾五行而前者有赏，逾五行而后者有诛。所以知进退先后吏卒之功也谓这些规定是用来确定吏卒进、退、先、后的功过的。故曰：鼓之，前如雷霆如雷霆，像雷霆一样迅急，动如风雨如风雨，像狂风暴雨一样猛烈，莫敢当阻挡其前，莫敢蹑追击其后，言有经管理也谓说的就是管理有方的军队。

勒卒令第十八

本篇论述统帅指挥军队的方法。

金、鼓、铃、旗四者各有法。鼓之则进，重第二次鼓则击；金之则止，重金则退。铃，传令也谓这是用来传达指令的。旗麾之左则左，麾之右则右。奇兵则反是。一鼓一击而左，一鼓一击而右谓一种鼓击一次，是指挥军队向左或向右的。一步一鼓谓走一步，击一次鼓，步鼓也谓这是慢行的鼓声。十步一鼓，趋快走鼓也。音不绝，骛快跑鼓也。商古代宫、商、角、徵、羽五音之一，音急速，将鼓也；角音圆长，帅鼓也；小鼓，伯鼓也。三鼓同三鼓同，三种鼓声同时响起则将、帅、伯其心一也。奇兵则反是。鼓失次序者有诛，喧哗者有诛，不听金鼓铃旗而动者有诛。百人而教战，教成，合之千人，千人教成，合之万人，万人教成，会会合之于三军。三军之众，有分有合，为大战之法，教成试之以阅检阅。

方亦胜谓（训练有素的部队）采用方阵作战也能取胜，圆亦胜，错邪通"斜"，不平坦。谓在错综复杂的地形作战亦胜，临险亦胜。敌在山，缘攀缘而从进攻之；敌在渊水中，没下水而从之。求敌若求亡子，从之无疑，故能败敌而制其命。夫蚤通"早"决先定，若计不先定，虑计谋不蚤决，则进退不定不定，犹豫不决，疑疑虑生产生必败。故正兵贵先先发制人，奇兵贵后，或先或后，制敌者也谓目的是战胜敌人。世将不知法兵之奇正先后之法者，专命而行谓一意孤行，先击而勇，无不败者也。其举有疑而不疑谓举兵时该多方考虑却不加考虑，其往有信而不信谓进军时该充满自信却又动摇不定，其致要求有迟慢疾快而不迟疾，是这三者，战之累也。

将令第十九

本篇论述将帅受命时和受命后宣布军令的仪式，用以表明军令的严肃性。

将军受命，君必先谋于庙，行令于廷朝廷，君身亲自以斧钺授将，曰："左、右、中军，皆有分职分职，各自掌管的职权，若逾超越分职分而上请者死。军无二令谓只有将军一人才能对全军发号施令，二令者诛，留扣压令者诛，失令者诛。"将军告曰："出国城门门之外，期约定日中，设营表营表，古代军营中竖立的用以观测日影，计算时间的木柱，置辕门，期之，如过时则坐法坐法，依军法定罪。"将军入营即闭门清道，有敢行者诛，有敢高言高言，大声喧哗者诛，有敢不从令者诛。

踵军令第二十

本篇论述大军向战场推进时各军的任务以及安全、警戒、纪律等问题。

所谓踵军者，去大军百里，期于会地，为三日熟食，前军而行谓在大军出发前即行动，为战合之表标记。谓约定与大军会合作战的标记，合表乃起启程。踵军饗犒赏士，使为之战势谓踵军的任务是犒赏军士，以激发他们的战斗意志，是谓趋战者也。

兴军者，前踵军而行，合表乃起，去大军一倍其道，去踵军百里，期于会地，为六日熟食，使为战备为战备，为作战做好准备，分卒据占领要害。战胜则追北，按兵而趋之。踵军遇有还退却者诛之。所谓诸将之兵，在四奇之内四奇之内，大军、踵军、兴军与分卒四个部分相互策应者胜也。

兵有什伍，有分有合，豫为之职职守，任务。谓预先分派好各部分的任务，守要塞关梁桥梁而分分别居占据之，战合表起，即皆会也。大军为计日之食起谓大军按规定时间准备好粮食后再行动，战具无不及也谓作战物资器具没有供应不上的，令行而起，不如令者有诛。

凡称分塞者，四境之内，当兴军、踵军既行，则四境之民无得行者。奉王之命，授持符节，名为顺职顺职，传达命令之吏，非顺职之吏而行者诛之。战合表起，顺职之吏乃行，用以相参谓各军会合作战的标记相合，已开始行动，顺职之吏才离开军队，这是为了参与军务。故欲战先安内也。

兵教上第二十一

本篇具体讲述部队的训练方法、步骤、纪律以及奖惩制度等。

兵之教令：分营居陈谓在各自的营垒或军阵之中的士兵，有非令而进退者，如同犯教教令之罪。前行者，前行教之句谓前行的士兵，由前行的长官教练；后行者，后行教之；左行者，左行教之；右行者，右行教之。教举全，指全部教练好五人，其甲首甲首，伍长有赏。弗教，如犯教之罪。罗通“罹”，遭受地谓操练时遭不测而倒地者，自揭举报，报告其伍，伍内互揭之，免其罪。

凡伍临阵，若一人有不进死于敌死于敌，与敌决战，则教者如犯法者之罪。凡什保什，若亡一人，而九人不尽死于敌，则教者如犯法者之罪。自什什长以上，至于裨将裨将，副将，有不若顺法者，则教者如犯法者之罪。凡明刑罚，正劝赏正劝赏，奖赏公正，必在乎兵教之法谓必定要在军队训练时就体现出来。

将异其旗谓不同的将军用不同的旗帜，卒异其章标记。左军章左肩，右军章右肩，中军章胸前，书其章曰：“某甲某士。”前后章各五行，尊章尊章，指爵位高者置首上首上，指行列的前面，其次差降之。

伍长教其四人，以板为鼓，以瓦为金，以竿为旗，击鼓而进，低旗则趋快速前进，鸣金则退，麾而左之，麾而右之，金鼓俱击而坐。伍长教成，合之什长；什长教成，合之卒长；卒长教成，合之伯长；伯长教成，合之兵尉兵尉，统率八百人的军官；兵尉教成，合之裨将；裨将教成，合之大将。大将教之，陈于中野中野，野外，置大表标竿三，百步而一。既陈，去表百步而决格斗。指练习格斗，百步而趋谓离第二标竿百步练习快步前进，百步而骛，习反复战以成其节指作战要领，乃为之赏罚谓然后根据练习情况做出赏罚。

自尉官爵名，其级别在将军之下吏而下尽有旗指挥旗，战胜得旗者谓打败敌人，夺得敌人军官指挥旗的，各视其所得之爵谓根据所得军旗所代表的爵位（给予奖励）以明赏劝之心。战胜在乎立树立威军威，立威在乎戮力戮力，齐心协力，戮力在乎正罚正罚，刑罚公正。正罚者，所以明赏也。令民背国门之限门槛，决死生之分，教之死而不疑谓让他们去为国献身也毫不犹豫者，有以原因也。

令守者必固，战者必斗，奸谋不作，奸民不语，令行执行无变变样，兵行无猜疑虑，轻轻装急进者若霆，奋敌奋敌，奋勇杀敌若惊若惊，像受惊的马一样（狂奔不止）。举功别德，明如白黑。令民从上令，如四肢应心也。

前军绝行绝行，冲断敌人的行列乱陈，破攻破坚坚阵如溃者，有以也。此之谓兵教。所以开开拓封疆封疆，国界，守社稷，除患害，成成就武德武德，指军队应当具有的功能也。

兵教下第二十二

论述国君应掌握的十二条必胜之道，指出应选拔得力将领，衡量敌我得失，严格战场纪律。

臣闻人君有必胜之道，故能并兼广大并兼广大，兼并强国，以一统一其制度。则威加天下有十二焉：一曰连刑，谓同罪保伍也；二曰地禁，谓禁止行道，以网捕外奸也；三曰全保全车车阵，谓甲首相附亲附。谓甲士要听从车长的指挥，三五三五，泛指车下的步卒相同谓车下的步卒也听从车长统一指挥，以结其联也；四曰开塞，谓分地以限界限，各死其职而坚守也；五曰分限，谓左右相禁戒备，前后相待照顾，垣车为固谓以战车为墙垣，形成坚固的营垒，以逆抵抗（敌人进攻）以止宿营也；六曰号别，谓前列务进以别其后者谓前面的队列进军作战时，与后面的队伍界限分明，不得争先登不次次序也；七曰五章，谓彰明行列，始卒终不乱也；八曰全保全曲部曲，谓曲折相从谓部队在行进中各部分要相互联系，皆有分部也谓各自保持自己在队形中的位置；九曰金鼓，谓兴有功谓激励将士立功，致达到有德也谓感召他们去实现武德；十曰陈车，谓接连前矛前矛，古代行军，前方斥候以矛为旌，发现敌情，举矛告知后军。此前矛指前方部队。谓驻扎时前后战车连接成阵，马冒蒙其目也；十一曰死士，谓众军之中有材力者，乘于战车，前后纵横，出奇制敌也；十二曰力卒，谓经掌管旗全曲谓掌握军旗指挥军队，不麾不动也。此十二者教成，犯令不舍宽恕。兵弱能强之，主卑能尊之，令法令弊废弛能起兴之，民流流散能亲使归附之，人众能治之，地大能守之，国车不出于阃门槛，组甲组甲，指以丝带连结皮革或铁片而成的铠甲不出于橐口袋。句指不必出兵打仗，而威服天下矣。

兵有五致标准，要求：为将忘家，逾垠忘亲，指敌忘身，必死则生谓抱着必死的决心去拼杀，才有可能得胜生还，急胜急胜，急于求胜为下下策。百人被刃被刃，迎着刀刃，即冒死战斗，陷行乱陈。千人被刃，擒敌杀将。万人被刃，横行天下。

武王武王，周武王问太公望曰："吾欲少稍微闲而极探究用人之要要领。”望对曰：“赏如山如山，像山那样（坚定不移），罚如溪如溪，像流水那样（通行无阻）。太上太上，最好的无过谓（执行赏罚）最好的是没有过错，其次补过，使人无得私语。诸凡罚而请不罚者死，诸赏而请不赏者死。伐国必因趁其变变故，内乱，示之财以观其穷，示之弊以观其病，上乖背离下离谓全国上下离心离德，若此之类，是伐之因也。”

凡兴师必审内外之权权变，情况，以计其去计其去，计划军队的行动。兵有备阙同“缺”，不足，粮食有余不足，校所出入之路，然后兴师伐乱，必能入之。地大而城小者，必先收其地。城大而地窄者，必先攻其城。地广而人寡者，则绝其阨ài同“隘”。绝其阨，控制其险要之地。地狭而人众者，则筑大堙攻城时在城外堆积的土山以临之。无丧其利谓不要损害敌国民众的利益，无夺其时，宽其政谓对人民的管理不要苛刻，夷平安其业谓使人民生活安定，救其弊，则足以施施恩德天下。今战国相攻，大伐有德谓自恃强大去攻打有德之国，自伍而两周代军制，五伍为两，自两而师，不一统一其令，率差不多俾使民心不定。徒尚崇尚骄奢，谋患辩讼辩讼，争讼，争论不休，吏究追究，处理其事，累且败也。日暮路远比喻成功无望，还有剉气谓还师罢军，则因一无所获而挫伤了士气，师老疲弊将贪，争掠易败。

凡将将帅轻轻佻，遇事不慎重、垒卑、众动指士卒人心不稳，可攻也。将重、垒高、众惧，可围也。凡围必开其小利开其小利，示以小利以诱敌，使渐夷弱夷弱，弱小，则节吝节约有不食者矣谓即使敌人节约粮食，也有因粮食耗尽而挨饿的时候。众夜击者，惊也句谓夜晚士卒互相打斗，是士兵惊恐不安的表现。众避事避事，不服从指挥，逃避军务者，离离心离德也。待人之救，期战而蹙急促不安，皆心失心失，丧失信心而伤气也。伤气败军，曲谋曲谋，错误的策略败国。

兵令上第二十三

本篇论述了战争的目的和实质，还论述了临敌布阵的方法、纪律和要求。

兵者，凶器也。战者，逆德也。争掠夺者，事之末事之末，卑劣的行为也。故王者伐暴乱，本仁义焉。战国则以立威、抗敌抗敌，抵御入侵之敌、相互相图图谋（对方）而不能废兵也。

兵者，以武为植土地，比喻基础，以文政治为种比喻目的。武为表，文为里。能审此二者，知胜败矣。文所以视利害、辨安危，武所以犯强敌、力攻守也。

专一专一，全军上下思想统一则胜，离散则败。陈以密战阵密集则固，锋指部队的队列以疏则达。卒畏将甚于畏敌者胜，卒畏敌甚于畏将者败。所以知胜败者，称比较将于敌也谓比较士卒畏将还是畏敌，敌与将犹权秤锤衡秤杆焉。安静则治不乱。谓将帅沉着，部队就严整，暴疾则乱。

出卒陈兵有常令，行伍疏数cù密有常法常法，一定的法则，先后之次次序有适宜。常令者，非追北袭邑攸同“所”用也。前后不次不次，秩序混乱则失失败也，乱先后斩之。

常陈皆向敌，有内向，有外向，有立陈，有坐陈。夫内向所以顾照应中中军也，外向所以备外指敌人进攻也，立陈所以行也，坐陈所以止也。立坐之陈，相参进止句谓采用坐阵还是立阵，要根据军队进止的需要来定，将在其中谓将在阵中央。坐之兵兵器剑斧，立之兵戟弩，将亦居中。

善御敌者，正兵先合谓正面兵力与之作战，而后扼（以奇兵）截断之敌人（退路），此必胜之术也。陈之斧钺，饰之旗章，有功必赏，犯令必死。存亡生死，在枹鼓槌之端枹之端，指将帅的指挥。虽天下有善兵者，莫能御此也。

矢射未交，长刃未接，前噪者谓之虚谓如果敌人前军呼噪，这是它兵力虚弱的表现，后噪者谓之实，不噪者谓之秘。虚、实、秘者，兵之体也谓这是军队的几种作战形态。

兵令下第二十四

本篇论述战场纪律。

诸诸军去大军为前御之备前御之备，在前方担任警戒任务者，边县边县，边境列侯列侯，指列侯的部队，即地方部队，各相去三五里。闻大军，为前御之备。战则皆禁行谓作战时，（这些地方部队）要禁止出入国境，所以安内也。

内内地卒出戍戍边，令将吏授旗鼓戈甲。发日，后将吏及出县封界封界，边界者谓在将吏之后到达整队出发地点的以及离开所戍县界的，以坐定罪后戍法。兵戍边一岁遂亡逃跑，不候等待代接替者，法比参照亡军。父母妻子知之，与同罪；弗知，赦之。

卒后将吏而至大将所一日谓士卒比将吏晚一日去大将处报到的，父母妻子尽同罪同罪，指同依后戍法定罪。卒逃归家一日，父母妻子弗捕执及不言，亦同罪。

诸战，而亡其将吏者亡其将吏者，脱离将吏指挥的士卒，及将吏弃卒独北逃跑者，尽斩之。前吏弃其卒而北，后吏能斩之而夺其卒夺其卒，收编他的士卒者赏。

军无功者，戍三岁。

三军大战，若大将死，而从吏五百人已同“以”上谓其属下将吏率领五百人以上的不能死敌死敌，与敌死战者斩，大将左右近卒近卒，亲兵在陈中者皆斩，余士卒余士卒，指未能与敌决死战的士卒有军功者夺降一级，无军功者戍三岁。

战亡伍人谓战时同伍有人逃亡及伍人战死不得其尸，同伍尽夺其功；得其尸，罪皆赦。

军之利害，在国之名实名实，士卒名册与实际（是否相符）。今名在官，而实在家句谓名字在军队的名册里，而人在家里，官不得其实，家不得其名。聚卒为军，有空名而无实，外不足以御敌，内不足以守国，此军之所以不给不给，兵力不足，将之所以夺威也。

臣以谓卒逃归者，同舍伍人同舍伍人，指与其家同伍的五户人家及吏罚入粮为饶富足，名为军实军实，军需物资，是这样做有一军之名，而有二实之出谓民众有负担两支军队的支出，国内空虚，自竭民岁收成。竭民岁，使农民一年的收成用尽，曷以曷以，凭什么免奔北之祸乎？

今以法止逃归，禁亡军，是兵之一胜也谓这是战斗取得胜利的第一个因素。什伍相联，及等到战斗则吏卒相救，是兵之二胜也。将能立威，卒能节制节制，听从指挥，号令明信，攻守皆得，是兵之三胜也。

臣闻古之善用兵者，能杀卒之半，其次杀其十三十三，十分之三，其下杀其十一。能杀其半者，威加海内。杀十三者，力加诸侯。杀十一者，令行士卒谓士卒不敢不执行命令。

故曰：百万之众不用命，不如万人之斗也。万人之斗，不如百人之奋也。赏如日月，信如四时四时，四季，令如斧钺，制制度如干将干将，宝剑名，锋利无比。士卒不用命者，未之有也。

三十六计直解

总　说

六六三十六这里的意思是，把各种战争形态归纳为六大类（即六套），相近的形态归纳为六小类。每一大类领六小类，六套共三十六计，数权术中有术策略，术中有数。阴阳阴阳，指矛盾对立的双方燮xiè调和，和谐理谓矛盾对立的双方，又可以和谐共存于对立的统一体中，机权谋在其空薄弱环节。谓一切计谋都要抓住对方的薄弱之处。机不可设凭空想象，设则不中成功。

〔按〕解语解语，指每计之后的解说之辞重数不重理义理。盖理，术语术语，指每一计的计名自明，而数则在言外在言外，即单从每一计的名称上看不出每一计的具体内容。若徒知术之为术，而不知术中有数，则术多不应根据具体情况灵活运用。句谓如果只知道每个计策的内容，而不懂得每个计策中都包含有可以灵活运用的权谋，那样这些计策大多不能被灵活运用。且诡谋诡谋，难以识破的计谋权术，原在事理之中，人情之内句谓任何计谋都必须合乎人情合乎事理，倘事出不经符合常理，则诡异诡异，怪异立见同“现”，显现，诧世诧世，引起世人惊诧惑俗惑俗，使人感到迷惑，而机谋泄矣。或曰：三十六计中，每六计成为一套，第一套为胜战计胜战计，在具有获胜的绝对把握的条件下采用的计谋，第二套为敌匹敌战计敌战计，双方力量相当的情况下所采用的计谋，第三套为攻战计，第四套为混战计，第五套为并战计并战计，兼并战争采用的计谋，第六套为败战计败战计，在处于弱势的条件下作战所采用的计谋。

第一套　胜战计

第一计　瞒天过海

依靠伪装掩护，完成特定的任务。原意是瞒着皇帝把他渡过大海。事见《永乐大典·薛仁贵征辽事略》。

备防范周周密则意怠懈怠。谓自以为防备措施完善，就容易麻痹大意，常见常见，习以为常的现象则不疑。阴指秘密行动在阳指公开行动之内，不在阳之对句谓秘密总是隐藏在公开行动的背后，不会暴露在公开行动的对面。太阳，太阴谓非常公开的行动背后必然隐藏着非常机密的行动。

〔按〕阴秘密谋计谋作为，不能于背时背时，不合时宜的时候秘处秘处，隐秘之处行之。夜半行窃，辟巷辟巷，偏僻的地方杀人，愚俗愚俗，愚蠢之人之行，非谋士之所为也。昔孔融孔融，字文举，三国时曲阜人，官至北海太守。黄巾起义军将领管亥围城借粮，孔融率军与战不胜，后经太史慈突围请来刘备，方才解北海之围被围，太史慈太史慈，字义子，北海被围时，回家省亲的太史慈巧妙突出重围求援将突围求救，乃带鞭弯弓，将率两骑自从，各作一的箭靶的中心，此指箭靶持之。开门出，围内外观者谓围城的敌兵和守城的士兵并骇吃惊，慈竟径直引马至城下堑堑壕，此指护城的壕沟内，植竖起所持的射之。射毕，还。明日复然，围下人围下人，围城的敌兵或起站起来观看或卧；如是者再二次，乃无复起者。慈遂于是，就严行严行，周密地打点行装蓐食蓐食，坐在地上吃饭，鞭马直突其围。比等到敌觉，则驰去数里矣。

第二计　围魏救赵

公元前353年，魏国攻赵，围赵国国都邯郸。赵国向齐国求救，齐威王以田忌为将，孙膑为军师，出兵救赵。齐军乘魏国精兵在赵，国内空虚之机，引兵直捣魏国国都大梁（今河南开封市）。魏军立即从赵国撤兵，日夜兼程回援大梁。而齐军则乘其疲惫，在桂陵（今山东菏泽）截击回援的魏军，大破魏军。后人把类似的战法叫“围魏救赵”。事见《史记·孙子吴起列传》。

共敌共敌，兵力集中的敌人不如分敌谓打击兵力集中的敌人不如分散敌人的力量，然后予以打击，敌阳敌阳，指战争中采取主动出击、先发制人的战略不如敌阴敌阴，后发制人。

〔按〕治兵如治水，锐者锐者，精锐的敌人避其锋，如导疏导流流水，弱者塞其虚薄弱环节。塞其虚，抓住其薄弱环节加以打击，如筑堰拦水的堤坝。故当齐救赵时，孙子孙子，孙膑，战国时军事家谓田忌曰：“夫解杂乱纠纷杂乱纠纷，纷乱的丝线者不控拳控拳，拍打，救止斗战争者不搏击搏击，加入战争之中。批亢咽喉捣虚谓抓住敌人的薄弱环节，打击其要害之处，形格禁止势禁停止。谓造成使争斗双方必须停止争斗的形势，则自为解耳。”

第三计　借刀杀人

为了保存自己的实力，利用矛盾，巧借别国的力量去击败敌人。

敌已明，友未定未定，指态度还不明朗，引友杀敌，不自出力。以《损》《周易》卦名，其中心内容是“损下益上”，把《损》卦反转过来推演就成了《益》卦的“损上益下”推演句谓这是根据《损》推演出的计谋。

〔按〕敌象已露，而另一势力更张更张，发展更快，将要有所为，应借此力以毁敌人。如子贡之存鲁、乱齐、破吴、强晋子贡，即端木赐，春秋时卫国人，孔子学生，善辩。齐军大举攻鲁，为挽救鲁国，孔子派子贡游说各国。子贡先游说齐国主帅田常，使之放弃攻鲁的计划，转而欲伐吴。然后子贡日夜兼行赶到吴国、越国，游说使吴王夫差、越王勾践合兵伐齐。齐与吴、越交战之后，子贡又对晋君说，齐与吴战，吴若胜利，必乘胜攻晋，晋国宜早作准备。后来，吴军在艾陵大破齐军，果然挥师攻晋，与早有准备的晋军大战于黄池之上，遭惨败。越王得知吴军大败，就渡江袭吴，吴王火速从晋退兵回国，与越军战于五湖，又败，吴国实力大损。后来越军攻入吴国首都，杀死吴王夫差。《史记·仲尼弟子列传》称：“子贡一出，存鲁，乱齐，破吴，强晋，而霸越”。

第四计　以逸待劳

战争中依靠有利的地形，一边防御，一边养精蓄锐。待进攻者体力疲劳和士气低落后转守为攻。

困扼制敌之势威势，不以战；损刚强大的一方益柔弱小的一方。谓耗敌优势使自己逐渐强大起来。

〔按〕此即致敌致敌，调动敌人，使按我的意志行动之法也。兵书指《孙子兵法·虚实篇》曰：“凡先处战地而待敌者佚，后处战地而趋战者劳。故善战者，致人而不致于人。”兵书论敌，此为论势论势，探讨敌我双方优势地位的相互转换。则其旨主旨非择地以待敌，而在以简驭繁，以不变应变，以小变应大变，以不动应动，以小动应大动，以枢中心应环四周也。

第五计　趁火打劫

原意是趁着人家失火而自顾不暇的机会进行盗窃活动。此指乘敌人内部发生危机时加以攻击。

敌之害大谓敌方遭受大的灾祸，就趁，利用势取利。刚决柔也刚决柔也，《周易·夬》卦语，这里指强者征服弱小者。

〔按〕敌害在内指发生内乱，则劫夺取其地；敌害在外指遭受侵略，则劫其民；内外交都害，则劫其国。

第六计　声东击西

这是忽东忽西、即打即离，巧妙诱敌，给敌人造成错觉以便乘机歼灭敌人的策略。古代兵书关于此种战术论述颇多。

敌志意志乱萃乱萃，像丛生的野草一样乱成一团。比喻由于指挥不当，造成全军一片混乱，不虞戒备，坤下兑上坤下兑上，《周易·萃》卦语，意思说，高出地面之泽，有溃决之虞。喻敌人因没有正确指挥，已成一群乌合之众，注定要失败之象，利其不自主不自主，指军队没有战斗力，不能把握自己的命运而取之。

〔按〕西汉七国反西汉景帝时，分封的诸侯力量逐渐强大，形成割据之势。晁错上书朝廷，请求削减诸王权势。不久，吴王刘濞联合了楚、胶西、胶东、菑州、济南、赵六国，以“诛晁错，清君侧”为名，起兵叛乱。七国叛乱，最终被周亚夫用武力平定，周亚夫西汉名将周勃之子。景帝三年，吴楚等七国叛乱，周亚夫奉命平叛。由于周亚夫治军有方，其军坚毅勇敢，三月而平乱。周亚夫以军功升丞相之职坚壁不战平叛战争中，周亚夫率军坚守昌邑，派遣弓高侯等率轻骑兵切断了叛军的运粮道路。叛军乏粮，难于持久，便急于与周亚夫决战，周军仍坚守不出。挑战不成，叛军便从东南方假意攻城，周亚夫识破了叛军的计谋，加强了对西北方的防卫。不久，叛军精兵果然从西北发起猛烈的攻击，由于周亚夫早有防备，叛军未能攻破城墙。因为军中乏粮，叛军只好退兵，这时周亚夫出精兵追击，大破吴军，吴王刘濞弃军率千人逃奔丹徒，周亚夫乘胜追击，攻破丹徒，尽俘吴军，独吴王一人逃脱。汉朝廷以千金求购吴王头，后月余，越人斩吴王头，七国之乱彻底平息。吴兵奔壁之东南陬角落，亚夫使备西北。已而已而，不久，吴王精兵果攻西北，遂不得入。此敌志不乱，能自主也。汉末，朱儁字公伟，东汉会稽上虞（今浙江上虞）人。公元184年，黄巾起义，朱儁与皇甫嵩镇压黄巾军有功，累迁右车骑将军、太尉，封钱塘侯围黄巾黄巾，以张角为首的农民起义军，起义军以黄巾裹头，故称“黄巾军”于宛宛城，今河南南阳。黄巾军将领赵弘率十万大军占守宛城，朱儁与荆州刺史徐璆及秦颉合兵一万八千人攻赵弘，杀之。黄巾将领韩忠继续统领大军占据宛城，朱儁兵少，难以力取，于是下令在城西南安下营寨，堆起土山，击鼓攻城。黄巾军见朱儁由西南攻城，悉赴西南守城，而朱儁自将精兵五千，袭其东北，乘虚攻入宛城。韩忠只得退守小城，罢战乞降。朱儁不许，遂急攻韩忠，屡攻不下。朱儁料知黄巾军乞降不受，欲出不能，势必死战，于是决定解小城之围，韩忠果然领兵出战。朱儁抓住战机，大破黄巾军，乘胜追击十余里，斩首万余。韩忠遂降，为秦颉所杀，韩忠余众惧不自安，复推孙夏为帅，还师复据宛城。朱儁急攻宛城，孙夏败走。朱儁追至西鄂精山，又大破孙夏，斩首万余，黄巾士众遂解散，起土山以临城内，鸣鼓攻其西南，黄巾悉众赴之。儁自将精兵五千掩出其不意地进攻东北，遂乘虚而入。此敌志乱萃，不虞也。然则声东击西之策，须视敌志乱否为定。乱则胜，不乱将自取败亡，险策也。

第二套　敌战计

第七计　无中生有

这是军事上虚虚实实、由虚变实的诳敌战术。

诳欺骗也，非诳也，实其所诳也句谓人为制造假象欺骗敌人，并不是真正虚假欺骗，其目的是要由虚假变为实在。少阴虚假，太阴，太阳真实。句谓由虚假发展到虚假之极，最后发展为真实之极。

〔按〕无而示有，诳也。诳不可久，久而易觉，故无不可以终无。无中生有，则由诳而真，由虚而实矣。无，不可以败敌，生有，则败敌矣。如令狐潮令狐潮，唐代安禄山部将，雍丘县令围雍丘雍丘，今河南杞县。安史之乱时，令狐潮举县归附叛军，自将一支军队攻破淮阳城，虏其军民而归，欲杀之。趁令狐潮外出巡视之机，被虏的淮阳军民相继越狱，杀死看守，迎接抗击叛军的贾贲和张巡军人雍丘，令狐潮反不得归。令狐潮攻城，城中守军二千余人，共推举张巡为帅。令狐潮领四万大军围攻雍丘，张巡令士兵扎草把灌油点燃后投向敌人，使敌人不敢攻城，然后抓住战机反击令狐潮。经过六十余日大小数百战，令狐潮攻城不下，遂引军退去。张巡见叛军退去，随后追击，令狐潮大怒，复率众围雍丘。正当城中粮尽时，叛军军饷盐米数百船即将运到，张巡派勇士若干人，偷偷接近河边，取盐米千斛并烧掉未取完的粮食。城中矢尽，张巡扎千余草人，披上黑衣，趁夜从城中吊下，潮军争射之，很久才知道是草人。张巡因此得箭数十万支。其后，张巡复夜吊人下城，潮军以为仍是草人，毫不设备，于是遂吊下敢死队员五百人，冲进潮营，烧其营帐，潮军大乱，奔逃十余里，张巡张巡，唐真源县令，安史之乱时，起兵抗击叛军，坚守雍丘，在众寡悬殊的情况下，屡败敌军。最后因粮道被切断，移师睢阳，与睢阳守将许远合守睢阳数月，终因救援不至，兵尽粮绝而失守，张巡守城战死缚藁为人千余，披黑衣，夜缒用绳子从城上吊下城下，潮兵争射之，得箭数十万。其后复夜缒人，潮兵笑，不设备，乃以死士五百斫砍杀潮营，焚垒幕，追奔十余里。

第八计 暗渡陈仓

这是军事上迂回前进以迷惑敌人的策略。

示之以动，利其静指敌人无戒备而有主句谓正面公开行动，利用敌人对我真正要采取行动的地方毫无戒备而掌握战争的主动权，益动而巽益动而巽，《周易·益》卦语，意思是主动迂回攻袭，必能获益。

〔按〕奇战争中出其不意、攻其不备的方法出于正正面的正规作战，无正则不能出奇。不明修栈道，则不能暗渡陈仓公元前206年，楚汉相争，刘邦在进军南郑途中，听从张良之计，烧掉沿途的栈道，表示不再返回关中，以此打消项羽的疑虑。不久，韩信出兵，为迷惑敌人，派人修复栈道，而暗中从故道（今陕西凤县、两当县间）迂回进入陈仓（今陕西宝鸡市东），打败了楚将章邯，回到了咸阳。昔邓艾邓艾，字士载，三国时魏将，喜研究军事战略，司马懿叹为奇才。公元236年同钟会分兵出击，偷渡阴平，一举灭蜀屯驻扎白水白水，水名，源出岷山，在今岷江源之东北之北，姜维字伯约，三国时蜀将，诸葛亮的继承人。九伐中原，劳而无功。魏军攻蜀，姜维坚守剑阁，后主刘禅降魏，姜维被迫投降。公元264年，钟会谋反，姜维假意与钟会联合，企图恢复蜀汉，事败被杀遣廖化廖化，字元俭，三国时蜀将，为关羽部将。姜维北伐中原，他被任为先锋，封中乡侯屯白水之南而结营焉。艾谓诸将曰："维今卒同'猝'还公元249年，姜维击退魏将郭淮，乘势西击羌，打算给魏军造成错觉，然后突然由洮城渡白水北上攻魏。句指姜维军突然由羌还归，吾军少，法当来渡而不作桥，此维使化持牵制吾，令不得还，必自东袭洮城洮城，在白水之北，距离邓艾屯兵处六十里矣。"艾即夜潜军，经直接到洮城。维果来渡，而艾先至，据城，得以不破，此则是姜维不善用暗渡陈仓之计，而艾察知其声东击西之谋也。

第九计　隔岸观火

这条计策的宗旨是，当敌人自相火并时，采取"坐山观虎斗"的态度，等待时机，从中取利。

阳乖抵触。阳乖，指敌人内部相互抵触序乱谓敌人内部矛盾激化，秩序混乱。阴以待逆谓我则静待其发生暴乱，暴戾暴戾，残酷暴虐恣睢恣睢，怒目相对，其势自毙。顺和顺以动豫逸豫，豫顺以动顺以动豫，豫顺以动，《周易·豫》卦语，这里的意思是根据敌情变化做好准备，再利用敌方出现的危机，乘机取胜。

〔按〕乖气乖气，敌人内部相抵触的情绪浮张，逼迫近，攻击则受击，退而远之，则乱自起。昔袁尚、袁熙三国时袁绍的两个儿子奔辽东袁绍死后，建安十年，其长子袁谭在南皮城被曹操攻杀，袁尚、袁熙被魏将焦触击败，逃奔辽西乌丸。建安十二年，曹操击败乌丸，袁尚、袁熙又逃奔辽东，尚有数千骑。初，辽东太守公孙康三国时公孙度之子，因斩袁尚、袁熙之功，被曹操拜为左将军恃远不服，及曹操破乌丸即乌桓，东胡族，汉末被曹操所灭，或说劝说操征之辽东，尚兄弟可擒也。操曰："吾方使康斩送尚、熙首来，不烦兵矣！"九月，操引兵自柳城柳城，今辽宁省锦县西北还，康即斩尚、熙，传用驿马传送其首。诸将问其故，操曰："彼指公孙康素畏尚等，吾急之，则并力；缓之，则相图，其势然也《三国志·魏志·袁绍传》注曰："尚为人有勇力，欲夺取康众，与熙谋曰：'今到，康必相见，欲与兄手击之，有辽东，犹可以自广也。'康亦心计曰：'今不取熙、尚，无以为说（悦）于国家。'乃先置其精勇于厩中，然后请熙、尚等入，康伏兵出，皆缚之，坐于冻地。尚寒，求席。熙曰：'头颅行万里，何席之有？'遂斩首。"或曰：此兵书《火攻》之道也。

〔按〕兵书《火攻篇》《孙子兵法》篇目之一，前段言火攻之法，后段言慎动之理，与"隔岸观火"之意亦相吻合。

第十计　笑里藏刀

表面使局势缓和，以麻痹敌人；暗中却积极准备，等待时机以制敌于死地。

信而安之，阴以图之；备而后动，勿使有变勿使有变，不要使敌人察觉我方的行动而使情况发生变化。刚中柔外也谓这就是外表温和而暗藏杀机的策略。

〔按〕兵书兵书，指《孙子兵法·行军篇》云："辞卑而益备者，进也；……无约而请和者，谋也。"故凡敌人之巧言令色巧言令色，花言巧语，表情和善，皆杀机之外露也。宋曹武穆玮曹武穆玮，字宝臣，死谥武穆，宋代名将曹彬之子，精左氏兵法，多谋善断，智勇双全知渭州渭州，古州名，北魏永安三年置，治所在襄武（今甘肃陇西东南），号令明肃明肃，严明，西西夏人惮惧之。一日，方召诸将饮，会有叛卒数千亡奔夏境，堠古代观察敌情用的土堡骑堠骑，担任侦察任务的骑兵报至，诸将相顾失色，公言笑如平时。徐慢慢地谓骑曰："吾命也，汝勿显言！"西人闻之，以为袭己，尽杀之。此临机应变之用也。若勾践事夫差起初，勾践之父允常被夫差之父阖庐打败，勾践立志为父报仇，击败了阖庐。阖庐之子夫差又击败越国，囚勾践于会稽。为报此仇，勾践卧薪尝胆，献美女、珍宝于夫差，使夫差思想麻痹，贪图安逸。后来吴在黄池与晋争霸，国内空虚，越国乘机攻吴，迫使夫差自杀，则使其久而安之矣。

第十一计　李代桃僵

使甲替乙遭受损失的谋略。语见《乐府诗集·相和歌辞·鸡鸣篇》。

势必有损，损阴指次要的东西以益阳。

〔按〕敌我之情，各有长长处短不足。战争之事，难得全胜。而胜负之决，即在长短之相较较量，乃有以短胜长之秘诀。如以下驷马敌上驷，以上驷敌中驷，以中驷敌下驷战国时，齐将田忌经常与王族诸公子赛马打赌，孙膑看他们的马力相差不远，都可以分为上、中、下三等，于是孙膑对田忌说："您只管重重地下赌注，我能叫您取胜。"田忌与齐王及诸公子赌千金。孙膑对田忌说："今天用您的下等马对付他们的上等马，用您的上等马对付他们的中等马，用您的中等马对付他们的下等马。"三次赛完之后，田忌输了一次而胜了两次，终得千金之类，则诚兵家独具之诡谋，非常理之可推测者也。

第十二计　顺手牵羊

乘机顺便把别人的羊给牵了来。这里的意思为，以小股部队钻进敌人的心脏，神出鬼没、得心应手地打击敌人，获取胜利成果。

微隙在所必乘谓敌方出现的漏洞再小，也要抓住时机，加以利用，微利在所必得。少阴，少阳句谓阴之初生即是阳之初生，此指敌人再小的错误，即是我获胜的开始。

〔按〕大军动处时。谓敌方大部队行动时，其隙甚多；乘间取利谓抓住敌人的漏洞夺取胜利，不必以战谓不必投入重兵进行大规模战争。胜固可用，败亦可用谓这种作战方法，胜方固然可以运用，败方也可运用。

第三套　攻战计

第十三计　打草惊蛇

据段成式《酉阳杂俎》载：唐代王鲁为当涂县令，贪得无厌。一日，县民连状告发他的主簿受贿。他看了状子，心中惊恐，不由自主地在状纸上批了八个字："汝虽打草，吾已惊蛇。"意思是，你打的虽是草，而我却像是草里的蛇一样受到了惊恐。这里指的是发现暗藏敌人的计谋。

疑以叩探查实谓有疑点就要查实，察了解清楚而后动；复者，阴之媒媒介，此指方法、手段也句谓反复侦察，是发现敌人阴谋的手段。

〔按〕敌力不露，阴谋深沉，未可轻进，应遍探其锋。兵书兵书，指《孙子兵法·行军篇》云："军旁有险阻、蒋潢蒋潢，水草丛生的沼泽低洼地并生芦苇，山林翳荟翳荟，草木茂盛，必谨复反复索搜寻之，此伏奸之所藏处也。”

第十四计　借尸还魂

利用一切可利用的东西，来实现己方意图。

有用者有用者，指有所作为的人，不可借谓（因为他难以驾驭）不能加以利用；不能用者，求借求借，求助于我。借不能用者而用之，匪我求童蒙童蒙，蒙昧无知的幼童，这里指无所作为的人，童蒙求我匪我求童蒙，童蒙求我，《周易·蒙》卦语，意谓不是我求幼童，是幼童有求于我。

〔按〕换代换代，改朝换代之际，纷立亡国之后后代者，而代其攻守者，皆此用也。

第十五计　调虎离山

调虎离山，比喻战争中把敌人引出据点，到对敌人不利的地方去作战，与“纵虎归山”相对。

待天自然条件以困之，用人以诱之。往蹇来反往蹇来反，《周易·蹇》卦语，意谓进攻是困难的，而把敌人引诱出来，对我是有利的。

〔按〕兵书曰：“下政下政，下等的策略攻城谓强行攻城是下等的策略。”若攻坚，自取败亡矣。敌既得地利，则不可以争其地。且敌有主有主，指挥得当而势大。有主，则非利不来趋；势大，则非天人合用天人合用，自然条件和人为创造的条件配合使用不能胜。

汉末，羌古代我国西北地区的少数民族之一，后被汉族同化率众数千，遮阻挡虞诩虞诩，字升卿，东汉将领，官至武都太守于陈仓、崤谷崤谷，即今大散关。诩军不进，宣言上书请兵，须等待到当发。羌闻之，乃分抄抄掠旁县。诩因其兵散，日夜进道，兼行百余里。令军士各作两灶，日倍增之，羌不敢逼，遂大破之邓太后因虞诩有将才，提升他为武都太守，进京受赏。在虞诩回郡途中，羌兵数千人把虞诩围困在陈仓与崤谷之间。虞诩即驻军不前，扬言要上书请求救兵，待援兵一到，立即进军武都郡。羌兵得到这一消息，就去抄掠附近县中的财物。虞诩乘敌人散去之机，日夜赶路，日行二百里，令士卒各作两灶，并每天增加一倍，因此羌兵不敢接近虞军。有人不解，问虞诩："孙膑与齐战，令兵士每日减灶，而您令军士每天增灶。兵法上说，每天行军不能超过三十里，以防不测，而我军日行二百里，这是为什么？"虞诩说："敌人多，我兵少，行慢容易被敌人追上，行快则敌人不知我虚实。羌人见我军军灶每天增加，必定认为是郡兵来营救，我军人多，行动又快，敌人必不敢追我。孙膑是采用示弱的方法，我采用的是示强的方法。所采用的方法不同。"虞军到武都郡，兵不足三千人，而羌兵万余人，围攻赤亭（在今甘肃成县西南）数十日。虞诩令军中勿发强弩，而以小弩射杀敌人。羌兵以为城中弓弩力弱，不能远射，遂合兵强攻，虞诩于是命二十强弩共射一人，百发百中，羌人大惊而退。虞诩挥军乘势追击，杀敌甚多。第二天，虞诩又令士兵从东门出，从北门入，每次进出，都更换衣服，如此转几个来回，敌人不知守城兵力多少，更加恐惧。虞诩料到敌人必然退去，便暗中派五百余人在浅水设伏，羌人果然从伏击处退逃，于是伏兵乘势发起进攻，大破羌兵。兵到乃发者，利诱之也；日夜兼进者，用天时以困之也；倍增其灶者，惑之以人事也。

第十六计　欲擒姑纵

要想瓦解、软化敌人，先要暂时放纵他。《老子》第三十六章："将欲夺之，必固与之。"

逼则反兵反兵，举兵反扑，走则减势谓任其逃走会使其力量削弱，紧随勿迫。累其气力，消其斗志，散溃散而后擒，兵不血刃。需等待有动词词头，无义孚孵，转化之义光明，指如愿以偿。需有孚光，《周易·需》卦语。谓等待敌军发生转化，就必然会大获全胜。

〔按〕所谓纵者，非放之也，随之，而稍松之耳。"穷寇勿追"，亦即此意。盖不追者，非不随也，不迫逼近之而已。武侯武侯，诸葛亮，曾被刘备封为武乡侯之七纵七擒七纵七擒，建兴三年（公元225年）诸葛亮在南中，所到之处，每战皆捷。听说夷人、汉人都很佩服孟获其人，诸葛亮想生得孟获。孟获被俘后，诸葛亮让他观看蜀军的阵营，说："这样的军队怎么样？"孟获答道："以前不知蜀军虚实，所以失败了。现在蒙您让我看了蜀军营垒，若只是这样的军队，再战的话，一定容易取胜！"诸葛亮笑了笑，放了孟获，让他再战。如此七纵七擒，诸葛亮还要遣孟获回去再战，孟获不去，说："您的威严就像天的威严一样难以冒犯，我们南人不再反叛了。"诸葛亮遂进军滇池，平定了南中，即纵而蹑跟踪之，故展转推进，至于不毛不毛，不长庄稼之地不毛之地，指少数民族居住的地区。武侯之七纵，其意在拓地，在借孟获以服诸蛮诸蛮，对南方各少数民族的旧称，非兵法也。若论战，则擒者不可复纵。

第十七计　抛砖引玉

付出较小的代价以期有较大的收获。

类以诱之谓用相类似的事物去诱惑敌人，击蒙迷惑也谓这是利用出乎敌人意料的情况去诱使他们上当。

〔按〕诱敌之法甚多，最妙之法，不在疑似之间疑似之间，似是而非，而在类同，以固加深其惑错觉。以旌旗金鼓诱敌者，疑似也；以老弱粮草诱敌者，则类同也。

第十八计　擒贼擒王

解决问题要抓住矛盾的主要方面。杜甫《前出塞》诗：“射人先射马，擒贼先擒王。”

摧其坚指主力，夺其魁指首领，以解其体谓使敌人力量瓦解。龙战于野，其道办法穷也龙战于野，其道穷也，《周易·坤》卦语，谓龙到陆地作战，必陷入绝境。

〔按〕攻胜则利不胜shēng取，取小遗大。卒士卒之利利益，将之累，帅之害，功之亏也。全胜而不摧坚擒王，是纵虎归山也。擒王之法，不可图辨旌旗，而当察其阵中之首动首动，指指挥全局的人的一举一动。

昔张巡与尹子奇尹子奇，安史之乱叛军首领之一，安庆绪的部将战肃宗至德二年（公元757年），张巡移守睢阳后，尹子奇率大军围城，五月，围城的叛军在收割麦子，张巡使守城士兵做出休息的样子以麻痹敌人，于是敌人不加防备，而张巡派南霁云等打开城门，直抵尹子奇帐下，斩将拔旗，直冲贼营，至子奇麾下麾下，指挥作战的营帐，营中大乱，斩贼将五十余，杀士卒五千余人。巡欲射子奇而不识，剡削稿禾秆为矢。中者喜，谓巡矢尽，走白告诉子奇。乃得其状，使霁云即南霁云，张巡属将，睢阳被围，南霁云突围向贺兰进明求援不遂，复突围入城，最后与张巡一起殉国射之，中其左目，几获之。子奇乃收军退还。

第四套　混战计

第十九计　釜底抽薪

要彻底击败敌人，应能解决根本的问题。《淮南子·本经训》："故以汤上沸，沸乃不止；诚知其本，则去火而已矣。"

不敌其力，而消其势，兑代表泽下乾代表天上之象意思是柔可以克刚。

〔按〕水沸者，力也谓因为有了力，火之力也，阳中之阳也谓这是强中之强，锐不可当。薪者，火之魄也，即力之势力之势，产生火力的基础也，阳中之阴也，近而无害。故力不可当而势犹可消。《尉缭子》曰："气实则斗，气夺则走语见《尉缭子·战威》。"而夺气之法，则在攻心。昔吴汉吴汉，字子颜，东汉开国将领。王莽末，亡命渔阳（今北京密云），以贩马为生，后归刘秀，为偏将军，刘秀即位后，任大司马，封舞阳侯为大司马大司马，官名，三公之一，尝有寇，夜攻汉营。军中惊扰，汉坚卧不动。军中闻汉不动，有顷有顷，一会儿乃定。乃选精兵夜击，大破之。此即不当其力而扑消其势力。宋薛长儒薛长儒，字元卿，历任汉、湘、滑三州通判，后知彭州为汉州汉州，今四川广汉通判通判，官名，主管军事，也参与掌管政治，戍卒开营门，放火杀人，谋杀知州知州，官名，掌握全州政事的文官、兵马监押兵马监押，掌握全州军事的武官。有来告者，知州、监押皆不敢出。长儒挺身出营，谕告谕之曰："汝辈皆有父母妻子，何故作此？然不与参与谋谋划，各在一边。"于是不敢动。惟本谋八人突门而出，散于诸村野村野，村庄，寻不久捕获。时谓非长儒，则一城涂炭涂炭，烂泥与炭火，比喻极端困难的境地矣。此即攻心夺气之用也。或曰：敌与敌对，捣攻击强敌之虚薄弱之处，以败其将成之功也。

第二十计　混水摸鱼

利用敌方混乱的时机，设法使敌方力量逐渐削弱，我方力量得到加强。

乘其阴乱阴乱，内部发生混乱，利其弱而无主，随使其随我，以向晦向晦，天逐渐黑下去入宴息宴息，休息。谓就像天晚了人要入室休息一样。

〔按〕动荡之际，数力冲撞，弱者依违依违，或依附或反对无主，敌蔽蒙蔽而不察，我随而取之。《六韬》曰：“三军数惊，士卒不齐，相恐以敌强，相语以不利。耳目相属，妖言不止，众口相惑，不畏法令，不重其将，此弱征也语见《六韬·兵征》。”是“鱼”，混战之际，择此而取之。如刘备刘备，字玄德（公元162~223年）。东汉末，起兵镇压黄巾起义，参与军阀混战。得诸葛亮辅佐后，势力渐强。公元208年赤壁之战后，得荆州为立足之地，又乘刘璋集团内部分裂，于公元214年夺取益州，建立根据地，与魏、吴形成三国鼎立局势，公元221年称帝之得荆州、取西川西川，即川西，四川西部。建安十二年，曹操征服乌桓后挥师南进，攻刘表。当时刘表病重，对刘备说：“我儿不才，我死之后，由您统领荆州军民。”刘表死后，刘备不忍取荆州，使刘表之子刘琮代荆州刺史之职。刘琮不才，荆州军民多归附刘备。建安十三年，刘备、孙权联军在赤壁与南征的曹军发生激战，联军火攻烧船，大败曹军，曹操引兵撤回北方。赤壁之战后，刘备上表举荐刘表长子刘琦为荆州刺史，又乘胜南征，先后征服了武陵、长沙、桂阳、零陵四郡。不久，刘琦病死，群下共推刘备掌管荆州军政大事。建安十六年，益州牧刘璋听说曹操将派遣钟繇攻汉中张鲁，内怀忧惧，于是听从张松之计，迎刘备入川，使攻伐张鲁，夺取汉中，以阻挡曹军入川。刘备使诸葛亮、关羽留守荆州，自将步卒数万入益州，目的在于占据益州。刘备入益州后，刘璋增兵使讨张鲁，而刘备未立即讨张鲁，而是广施恩德，以结众心。建安十七年，曹操攻孙权，孙权向刘备求救，刘备使刘璋出兵随己东进救孙权，以期消耗刘璋实力。张松之兄广汉太守张肃怕祸及于己，向刘璋揭发刘备的阴谋，引发了刘璋、刘备之战，最后刘璋战败投降，刘备于建安十九年占据益州，皆此计也。

第二十一计　金蝉脱壳

用计脱身，暗中转移主力，以完成特殊的任务。

存保持其形（原有的）阵形，完其势谓做出与友军协同作战的态势，友不疑，敌不动不动，不敢轻举妄动。巽隐蔽而止，蛊gǔ迷惑。巽而止，蛊，《周易·蛊》卦语，这里的意思是：我军在敌人迷惑不解之中秘密地转移主力。

〔按〕共友击敌，坐观其势态势。倘另有一敌，则须去而存势。则金蝉脱壳者，非徒单独走脱逃也，盖为分身之法也。故我大军转动，而旌旗金鼓俨然俨然，像真的一样原阵，使敌不敢动，友不生疑。待以同“已”摧他敌而返，而友、敌始知，或犹且不知。然则金蝉脱壳者，在对敌之际，而抽精锐以袭别阵也。

第二十二计　关门捉贼

对小股敌兵加以包围，彻底歼灭。这是重创敌人的策略。

小弱小敌困之。剥割裂，指敌人脱逃，不利有攸往句谓如果敌人逃脱了，追赶它是不利的。

〔按〕捉贼而必关门者，非恐其逸逃逸也，恐其逸而为他人所得也。且逸者不可复追，恐其诱也。贼者，奇兵也，游兵游兵，灵活机动的部队也，所以劳我者也。《吴子》曰：“今使一死贼伏于旷野，千人追之，莫不枭视狼顾，何者？恐其暴起而害己也。是以一人投命，足惧千夫语见《吴子·励士》。”追贼者，贼有脱逃之机，势必死斗；若断其去路，则成擒矣。故小敌必困之，不能，则放之可也。

第二十三计　远交近攻

结交远邦，攻击邻国，可获得实利。

形格势禁，利从近取，害以远隔。上火上火，火焰向上延伸下泽下泽，泽水向下流。上火下泽，《周易·睽》卦语，这里的意思是，志向不同的，也可以暂时结合。

〔按〕混战之际，纵合纵横连横。战国时，苏秦联合六国抗秦，史称合纵；张仪瓦解六国，变拒秦为事秦，史称连横捭bǎi开，分化阖hé合之中，各自取利。远不可攻，而可以利相结以利相结，因某种利害关系结成同盟；近者交结交之，反而使变变故，祸害生肘腋肘腋，比喻极近之处。范雎范雎，字叔，战国时魏国人，入秦游说秦昭王，使驱逐专权的外戚。公元前266年被任命为相国之谋范雎入秦，向秦昭王指出，秦兵越过韩、魏的国境去攻打齐国，这是不明智的做法，因为少出师不足以伤齐，多出师则有伤于秦。他认为：秦国不如采取远交近攻的策略，则得寸即为王之寸，得尺即为王之尺。秦昭王使用范雎之策，先后灭掉韩、赵、魏、楚、燕、齐六国，统一了中国，为地理之定则谓是地理环境决定了的战略原则，其理甚明。

第二十四计　假途灭虢

利用小国侥幸图存的心理，以利益相诱，从而渗透军事力量，达到军事目的。

两大之间谓夹在两个大国之间的小国，敌胁以从谓敌人以武力威胁，要它顺从时，我假借以势谓我就出兵援救，让它借助我的威势不受敌国的胁迫。困处于困境的国家，有言不信谓只有口头的承诺而没有行动，是不会得到它的信任的。

〔按〕假地用兵谓假道于邻国，去进攻更远的国家。僖公五年，晋君用荀息之计，以名马、宝玉买通虞君，欲假道于虞以攻虢。宫之奇谏虞君：虢被灭，虞必随之被灭，不可答应晋君的要求。虞君不从，于是晋军越过虞国国境灭虢之后，还师回家，乘在虞国过夜之机，偷袭虞，遂灭虞之举，非巧言可诳，必其势不受一方之胁从，则将受双方之夹击。如此境况之际，敌必迫之以威，我则诳之以不害，利利用其幸存之心，速得全势谓迅速地控制整个局势。彼将不能自阵，故不战而灭之矣。

第五套　并战计

第二十五计　偷梁换柱

与别的军队协同作战时，暗中抽换它的主力，使它作战不利，从而削弱并吞并它。又作“偷天换日”“偷龙换凤”。

频更其阵，抽其劲旅，待其自败，而后乘攻击之。曳拉其轮也谓这就好比拖住了车轮，就能控制车子前进。

〔按〕阵有纵横，天衡天衡，战阵的前后部位为梁，地轴地轴，战阵的贯穿中央的部位为柱，梁、柱以精兵为之。故观其阵，则知其精兵之所在。共战他敌共战他敌，谓与其他部队联合对敌时，频更其阵，暗中抽换其精兵，或竟直接代其为梁柱，势成阵塌谓这种形势产生后，友军的阵势就瘫痪了，遂兼吞并其兵。并此敌以击他敌之首策也。

第二十六计　指桑骂槐

利用“杀鸡儆猴”“敲山震虎”等暗示手段，达到威慑部下的目的，从而树立威信。

大凌欺凌，控制小者，警告诫以诱之谓常用告诫的方法去诱导他。刚中而应，行险而顺刚中而应，行险而顺，《周易·师》卦语。意思是：将帅威严，三军就能听令；将帅勇敢果断，三军就会顺服。

〔按〕率率领数未服听从调遣者以对敌，若策鞭策，此指指挥之不行，而利诱之又反启导致其疑启其疑，使他们生疑，于是故故意为自误，责他人之失以暗警之。警之者，反诱之谓从另一方面诱使他们听令也。此盖以刚险驱之也。或曰：此遣将法也。

第二十七计　假痴不癫

表面上笨重刻板，行动起来却十分灵活，诡秘异常。这是一种欺骗麻痹敌人和愚弄己方士兵以实现战略目的的诡计。

宁伪作不知不为，不伪作假知妄为。静不露机谓暗中策划，不暴露自己的动机，云雷屯云雷屯，《周易·屯》卦语，意思是猛烈的雷，入冬屯聚也。

〔按〕假作不知而实知，假作不为而实不可为。司马懿字仲达，多智善变，深得曹丕信任，任大将军之职，率军与诸葛亮相拒，颇有战功。曹芳即位，司马懿与曹爽共辅幼主之假病昏以诛曹爽字昭伯。公元239年，曹芳即位，司马懿晋升为太傅，其兵权由曹爽掌握。司马懿一心要夺回兵权，故意装作衰老病重的样子以迷惑曹爽，使不加提防。后来，曹爽随魏主出城打猎，司马懿乘机发动兵变，杀死曹爽，夺回兵权，受巾帼巾帼，妇女的头巾和装饰物、假请命，以老使疲弊蜀兵三国时，蜀、魏大军在五丈原对垒，司马懿料定蜀军粮草不足，不能持久，于是采用坚壁不战的对策。诸葛亮为激怒魏军使战，派人送妇人衣饰给司马懿。此举使魏军众将十分气愤，纷纷请战。但司马懿仍然很沉着，装作上表请示。魏主曹睿知道后，派使者传谕使坚壁勿战，这才安定了内部情绪，达到了疲弊蜀军的目的，所以成功。姜维九伐中原，明知不可为而妄为之句指姜维北伐中原时，朝中大臣曾以为不可，费祎对姜维说：我等不如丞相（诸葛亮）远矣，丞相且不能定中原，况我等乎？不如保国治民，敬守社稷，则似痴矣，所以破灭。兵书兵书，指《孙子兵法·军形篇》曰："故善战者之胜也，无智名，无勇功。"当其机未发时，静屯似痴；若痴癫，则不但露机，且乱动而群疑。故假痴者胜，真癫者败。或曰：假痴可以对敌，并可以用兵。宋代，南南方俗少数民族的习俗尚鬼，狄武襄即狄青，死后谥武襄，北宋名将，出身士卒，得范仲淹赏识，授兵法。后来在对西夏的战争中屡立奇功征侬智高宋代广源州蛮人。侬氏自唐初即世袭州首领。唐末，侬全福为交趾人所杀，其妻改嫁商人，生侬智高。交趾人使知广源州，侬智高乘机起兵袭取安德州，占据广南，攻邕州，建立南天国，自号仁惠皇帝。公元1052年，狄青夜过昆仑关，大败侬智高。侬智高逃往大理，死在那里，时大兵始出桂林之南，因佯祝祷告曰："胜负无以为据。"乃取百钱自持，与神约："果大捷，则投此钱尽钱面也。"左右谏止："倘不如意，恐沮师沮师，使军队士气低落。"武襄不听。万众方耸视耸视，注视，已而挥手一掷，百钱皆面。于是举手欢呼，声震林野。武襄也大喜，顾左右取百钉来，即随钱疏密，布地而帖钉之，加以青纱笼护，手自封焉，曰："俟等待凯旋，当酬神取钱。"其后平邕州邕州，今广西南宁还师，如言取钱，幕府幕府，将帅的指挥部士大夫共视，乃两面钱也。

第二十八计　上屋抽梯

这是一条用利益引诱敌人，使敌人中计覆没的计谋。此计别本又作"过河拆桥"。

假之以便谓为敌提供便利，唆之使前，断其援应援应，救援、接应（的部队），陷之死地。遇毒，位不当也遇毒，位不当也，《周易·噬嗑》卦语，此处意思是：贪求不当有的利益，必招后患。

〔按〕唆者，利使之也。利使之而不为之便不为之便，不为敌人提供便利，或犹且不行谓有的敌人就仍然不会向前。故抽梯之局布局，须先置梯，或示之以梯。

第二十九计　树上开花

这是一种借别人的兵力来慑服敌人的谋略。

借局布势谓借用他军的优势来造成有利于自己的局面，力小势大。鸿渐渐进于陆，其羽可用为仪鸿渐于陆，其羽可用为仪，《周易·渐》卦语，谓天上飞翔的大雁，其羽毛可用以装饰仪表。这里的意思是：巧借他人的势力，给自己造成威势，使敌人不敢侵犯也。

〔按〕此树本无花，而树则可以有花。剪彩贴之，不细察者不易觉。使花与树交相辉映，而成玲珑玲珑，精巧全局也。此盖布精兵于友军之阵，完形成其势阵势以威敌也。

第三十计　反客为主

利用一切有利的时机，兼并他人的军力，变客军为主军。

乘隙插足，扼其主机谓掌握军政大权的机关，渐之进也渐之进也，《周易·渐》卦语，此处意思是：逐渐顺利地把大权夺过来。

〔按〕为人驱使者为奴，为人尊处尊处，敬重者为客。不能立足者为暂客，能立足者为久客。客久而不能主事主事，主管其事者为贱客，能主事则可渐握机要而为主矣。故反客为主之局，第一步须争客位，第二步须乘隙，第三步须插足，第四步须握掌握机军事大权，第五步乃成为主。为主，则并吞并人之军矣。此渐进之阴谋也。

第六套　败战计

第三十一计　美人计

用金钱美女诱惑敌人，使其贪图享乐，从而斗志衰退，内部分崩离析。

兵强者，攻其将；将智者，伐其情伐其情，抓住敌人在情感意志方面的弱点加以攻击。将弱兵颓，其势自萎。利用御寇，顺相保也利用御寇，顺相保也，《周易·渐》卦语，这里的意思是：当强敌不利于直接进攻时，就利用敌人的弱点，进行分化瓦解。对自己的阵营，则要加强团结，增强实力，转败为胜。

〔按〕兵强将智，不可以敌，势必事之。事之以土地，以增其势，如六国之事秦公元前230年到公元前221年这十年间，秦王采用张仪连横策略，瓦解了韩、赵、魏、楚、燕、齐六国联盟，于是六国纷纷割让土地给秦国，表示顺服。秦国实力不断增强，最后兼并六国，统一天下，策之最下者也。事之以布帛，以增其富，如宋之事辽、金北宋真宗景德元年（公元1042年）与辽议和，每年向辽纳银十万两，绢二十五万匹。南宋高宗绍兴十一年（公元1141年）与金议和，每年向金纳银二十五万两，绢二十万匹；宁宗嘉定元年（公元1208年）又增至每年纳银三十万两，绢三十万匹，策之下者也。惟通“唯”，只事之以美人，以佚同“逸”，散失其志，以弱其体，以增其下之怨，如勾践之事夫差，乃可转败为胜。

第三十二计　空城计

利用虚虚实实的惑敌手段，故意暴露城中兵力空虚，从而引起敌人的警觉，怕中埋伏，因此撤围而去。这是一条在不得已情况下实行的险计。

虚者虚之谓守备空虚，就故意显示出空虚的样子，疑中生疑使敌人疑窦丛生，不能决断；刚柔之际刚柔之际，《周易·解》卦语，这里的意思是：在众寡悬殊的紧急时刻，奇而复奇。

〔按〕虚虚实实，兵无常势谓用兵没有固定的模式。虚而示虚，诸葛诸葛亮屯兵阳平，派遣魏延诸军并兵东下，唯留万人守城。司马懿率二十万大军直逼城下，距城六十里安营。在众寡悬殊的紧急情况下，守城将士无不大惊失色。诸葛亮意气自如，命令全军偃旗息鼓，不得随便走出军营，又令大开四方城门。司马懿素知诸葛亮治军谨慎，却自己显示兵力弱小，怀疑诸葛亮有伏兵，于是不敢贸然攻城，引兵退去而后，不乏其人。如吐蕃吐蕃，唐代少数民族陷瓜州瓜州，今甘肃安西，王君焕字威明，开元中为河西陇右节度使，以击吐蕃功升大将军。后吐蕃攻陷瓜州，王君焕力战而死死，河西河西，唐代方镇，治所在今甘肃武威汹惧汹惧，惶恐不安，以张守珪张守珪，唐开元中为瓜州刺史，以败吐蕃功升辅国大将军为瓜州刺史，领余众，方复筑州城，版筑土墙所用的夹板榦固定夹板的木桩裁才，刚立，敌又暴至，略完全无守御之具，城中相顾失色，莫有斗志。守珪曰："彼众我寡，又疮痍疮痍，创伤，此指因战争给瓜州带来的种种破坏之后，不可以矢石相持，须以权道权道，权谋，策略制之。"乃于城上置酒作乐，以会将士。敌疑城中有备，不敢攻而退。又如齐北朝齐祖珽祖珽，字孝征，任北徐州刺史为北徐州北徐州，北齐设置，治所在今安徽凤阳东北刺史，至州，会有陈南朝陈寇入侵，百姓多反通“返”，珽不关城门，守陴城上的女墙者皆令下城，静坐街巷，禁断行人，鸡犬不乱鸣吠。贼无所见闻，不测所以，疑惑人走城空，不设警备。珽复令大叫，鼓噪聒声音嘈杂天，贼大惊，登时走散。

第三十三计　反间计

利用敌人的间谍传回虚假信息，从而使敌人上当受骗。这是利用敌人的间谍为我工作。《长短经·五间》：“陈平以金纵反间归楚军，间范增，楚王疑之。此乃反间者也。”

疑怀疑中之出疑。比辅助之自内，不自失也比之自内，不自失也，《周易·比》卦语，意思是：援助来自敌人内部，自己不会受到损失。

〔按〕间间谍者，使敌自相疑忌也；反间者，因敌之间而间之也。如燕昭王战国时燕国国君，公元前311年即位。公元前279年，为求长生不老术，吃丹药中毒而死薨hōng帝王死曰薨，惠王燕昭王之子自为太子时，不快于乐毅乐毅，战国时燕国名将，得燕昭王重用，公元前284年领兵破齐，封于昌国（今山东淄川东北），号昌国君。后因受迫害逃往赵国。惠王为太子时，曾因说乐毅的坏话，被昭王处以笞刑，他因此对乐毅心怀不满，田单战国时齐国名将，乐毅攻齐时，田单坚守即墨，燕军久攻不破。公元前279年，田单用反间计使燕王以骑劫代乐毅为主将，然后以火牛阵大破燕军，一举收复七十余城乃纵反间曰："乐毅与燕王有隙感情上的裂痕，畏诛，欲连兵王称王齐，齐人未附，故且缓攻即墨即墨，今山东平度东南，以待其事谓等待时机，成就大事。齐人惟恐他将来，即墨残破矣！"惠王闻之，即使骑劫骑劫，燕将，有勇力，喜纸上谈兵。代乐毅为将，为田单击败，死于乱军之中代将。毅遂奔赵。如周瑜周瑜，字公瑾，三国时吴国名将，精通军事，辅助孙策建吴。公元208年率兵大破曹操于赤壁利用曹操间谍曹操间谍，指蒋干。干字子翼，曹操帐下幕宾。赤壁之战中，他以自己与周瑜有旧，以访友为名，进行间谍活动，被周瑜识破。周瑜采用反间计对蒋干加以利用，使曹操中计而误杀水军都督蔡瑁、张允两员大将以间其将指蔡瑁、张允二将，亦"疑中之疑"之局也。

第三十四计　苦肉计

进行自我伤害，借以取信于敌人，以行使反间活动。

人不自害，受害必真。假真真假谓我做假，敌人以为真；敌人以为真，实际是假的，间离间之计以得行。童蒙之吉，顺以巽谦让也童蒙之吉，顺以巽也，《周易·蒙》卦语，意思是利用这个规律行事，就像逗小孩玩一样顺利。

〔按〕间者，使敌人相疑也；反间者，因敌之疑而实使敌人以为是确实的其疑也。苦肉计者，盖假作自间自间，自己内部有矛盾以间离间人也。凡遣与己有隙者以诱敌人，约为响应谓约定好内外配合，或约为共力者，皆苦肉计之类也。

第三十五计　连环计

连续施用两个以上的计策。

将多兵众，不可以敌，使其自累，以杀削减其势。在师中吉，承天宠也在师中吉，承天宠也，《周易·师》卦语，意思是将帅英明，指挥得当，用兵取胜就像有天神相助一样。

〔按〕庞统庞统，字士元，三国时刘备的谋士，与诸葛亮齐名使曹操战舰勾连指把许多战船用铁环连锁起来，而后纵火焚之，使不得脱。则连环计者，其法在使敌人自累，而后图之。盖一计累敌，一计攻敌，两计扣用，以摧强势也。如宋毕再遇毕再遇，字德卿，精通军事，为抗金名将尝引敌与战，且前且却谓一会儿进一会儿退，至于数四，视日已晚，乃以香料煮黑豆布地上，复前搏战，佯败走。敌乘胜追逐，其马已饥，闻香豆，就食，鞭之不前。遇毕再遇率师反攻之，遂大胜。皆连环之计也。

第三十六计　走为上

此条计策属败战计一套，是处于劣势情况下为保存实力所采取的策略。所谓“三十六计，走是上计”，并不是说“走”是三十六计中最高明的一策。

全师避敌谓保全军队的实力，避免与强大的敌人作战，左次无咎罪，此指受损害，未失常也左次无咎，未失常也，《周易·师》卦语，意思是退却以使军队不受损失，并不违反用兵原则。

〔按〕敌势全胜，我不能战，则必降，必和求和，必走逃跑。降则全败，和则半败，走则未败。未败者，胜之转机也。如宋毕再遇与金人对垒，一夕拔营去，留旗帜于营，豫预先缚生羊悬之，置前二足于鼓上。羊不堪倒悬，则足击鼓有声。金人不觉，相持数日始觉之，则已远矣。可谓善走者矣。

跋

夫战争之事，其道多端。强国、练兵、选将、择敌、战前、战后，一切施为施为，行为皆兵道也。惟比比者比比者，各种各样的战争大都有一定之规，有陈例可循。而其中变化万端、诙诡奇谲、光怪陆离、不可捉摸者，厥助词，相当于"乃"为对战之策。

三十六计者，对战之策也，诚大将之要略也。闲尝论之：胜战、攻战、并战之计，优势之计也；敌战、混战、败战之计，劣势之计也。而每套之中，皆有首尾、次第，六套次序，亦可演以阴下缺……

检测与评估

1.《孙子兵法》提出决定战争胜负的基本因素——“五事”“七计”。根据第一篇概括“五事”“七计”。

2.《孙子兵法》中对“道”多有论述，含义涉及“道路”“方法（式）”“途径”“规律”“规则”“道理”“道义”等。根据语境解释下列各句中的“道”。

①兵者，国之大事，死生之地，存亡之道，不可不察也。（《始计第一》）

②法者，曲制、官道、主用也。（《始计第一》）

③兵者，诡道也。（《始计第一》）

④此五者，知胜之道也。（《谋攻第三》）

⑤善用兵者，修道而保法，故能为胜败之政。（《军形第四》）

⑥是故卷甲而趋，日夜不处，倍道兼行……（《军争第七》）

⑦凡此六者，地之道也，将之至任，不可不察也。（《地形第十》）

⑧将弱不严，教道不明，吏卒无常，陈兵纵横，曰乱。（《地形第十》）

⑨凡此六者，败之道也。（《地形第十》）

⑩故战道必胜，主曰无战，必战可也……（《地形第十》）

3. 下列对《孙子兵法》的理解和分析，不正确的一项是（　　）

A. 由“凡用兵之法，全国为上，破国次之；全军为上，破军次之；全旅为上，破旅次之……”（《谋攻第三》）可知，孙武认为最重要的不是战争的胜负，而是保全士卒和百姓的性命，这与其“为将者需仁”的观点是一致的。

B.《虚实第六》提到用兵的规律不是刻板恒定的，它永远处于变化之中；行军打仗要对敌人的情况有充分的预料，虚虚实实，“形人”而我“无形”，从而主导战争局面，获得胜利。

C. 孙武提出的“兵者诡道”“兵以诈立”等观点强调了“诡”“诈”的重要性，这与《孙子兵法》开篇提到的“道”并不矛盾。作为军事著述，讨论的主要是军事策略和作战原则的“道”，与儒家强调的“仁义”之“道”安民治民不同。

D.《九地第十一》出现两处“敢问……曰……”的对话形式，在虚拟对话对象的假设问答中完成了问答回合。与直接发表议论方式相比，假设问对方式更具“引读者亲临其境”的表达效果，对所议起到了强调的作用。

4. 刘勰高度评价了《孙子兵法》的文学价值：“孙武兵经，辞如珠玉，岂以习武而不晓文也。”请以《行军第九》为例，赏析其“如珠似玉”之文辞。

5. 阅读《淮南子·兵略训》片段，其中的“势”和《孙子兵法·兵势》中所说的“势”有何异同？

兵有三势，有二权。有气势，有地势，有因势。将充勇而轻敌，卒果敢而乐战，三军之众，百万之师，志厉青云，气如飘风，声如雷霆，诚积逾而威加敌人，此谓气势。硖路津关，大山名塞，龙蛇蟠，却笠居，羊肠道，发笱门，一人守隘，而千人弗敢过也，此谓地势。因其劳倦怠乱，饥渴冻暍，推其揄揄①，挤其揭揭，此谓因势。……

兵之所隐议②者，天道也；所图画者，地形也；所明言者，人事也；所以决胜者，钤③势也。故上将之用兵也，上得天道，下得地利，中得人心，乃行之以机，发之以势，是以无破军败兵。及至中将，上不知天道，下不知地利，专用人与势，虽未必能万全，胜钤必多矣。下将之用兵也，博闻而自乱，多知而自疑，居则恐惧，发则犹豫，是以动为人禽矣。

今使两人接刃，巧拙不异，而勇士必胜者，何也？其行之诚也。夫以巨斧击桐薪，不待利时良日而后破之。加巨斧于桐薪之上，而无人力之奉，虽顺招摇，挟刑德，而弗能破者，以其无势也。故水激则悍，矢激则远。夫栝淇卫箘簬，载以银锡，虽有薄缟之幨，腐荷之矰，然犹不能独射也。[④]假之筋角之力，弓弩之势，则贯兕甲而径于革盾矣。夫风之疾，至于飞屋折木；虚举之下大迟，自上高丘，人之有所推也。[⑤]是故善用兵者，势如决积水于千仞之堤，若转员石于万丈之溪。天下见吾兵之必用也，则孰敢与我战者！故百人之必死也，贤于万人之必北也，况以三军之众，赴水火而不还踵乎！

注：①揞揞：摇摇欲坠。 ②隐：审度。议：谋略。 ③钤：通“权”。 ④此句解释：现在有了良箭，再涂饰银锡，但即使是薄绢做成的车帷，腐叶烂草做成的盾牌，这涂饰银锡的箭还是不能自动穿透它。 ⑤此句解释：空车脱离大路又上高坡，就要人来用力推动它。举，应为“舆”，车子。

《检测与评估》参考答案

1. 五事：道、天、地、将、法。

七计：主孰有道？将孰有能？天地孰得？法令孰行？兵众孰强？士卒孰练？赏罚孰明？

2. ①途径　②这里引申为“制度”　③方式　④方法　⑤这里引申为“政治”　⑥道路　⑦规律、原则　⑧道理　⑨这里引申为“原因”　⑩规律

3. A（“孙武认为最重要的不是战争的胜负，而是保全士卒和百姓的性命”理解错误）

4. 赏析方向：语词精准，表现力强；句式整齐；叠词、对偶、排比、夸张、譬喻、层递等方法运用。

5. 思考方向：从“势”的解释、“势”的作用、“势”的重要程度、如何造“势”等方面进行比较。

我认为，《孙子》一书当基本成型于春秋末年，其作者当为孙武本人。具体理由如下：

第一，孙武撰著《孙子》见于《史记》的明确记载。《史记·孙子吴起列传》云："孙子武者，齐人也。以兵法见于吴王阖庐。阖庐曰：'子之十三篇，吾尽观之矣。'"这段记载至少透露了两点信息：1. 孙武曾著有兵法，以此进见吴王阖庐并获重用。2."十三篇"篇数与今传本《孙子》篇数相符。这是孙武著有《孙子》最原始且有说服力的证据。

……《汉书·刑法志》云：……又《吕氏春秋·上德》云：……高诱注：……这里两则史料均明确指出孙武实有其人，并著有兵法。高诱更肯定《孙子》凡五千言，与今传本字数相近。其他像《韩非子》《尉缭子》《黄帝内经》《战国策》《论衡》等典籍亦有类似的记载。这些情况表明，孙武善用兵、撰著兵书乃是战国、秦汉时人们的共识。

又，《银雀山汉墓竹简·孙子佚文·见吴王》及青海《上孙家寨汉简孙子佚文》均曾提到"十三篇"（"十三扁"），且《银雀山汉墓竹简·孙子》之内容与传世本《孙子》内容基本相一致(参吴九龙《简本与传本孙子兵法比较研究》,《孙子新探》，解放军出版社，1990，185页)。从现代考古学的角度进一步证实了孙武其人其书的可信程度。

……

第四，值得注意的是，《孙子》一书中也明显带有春秋前中期战争的基本特色。如其言“合军聚众”，就反映了商周以来战争动员的主要特点。其言“穷寇勿迫”，其实就是早期战争“不穷不能”“战不逐奔”的翻版。而其“不战而屈人之兵”的全胜观念，则更体现了它与早期战争特征中广义一面的联系。众所周知，春秋前中期的战争更多的是以迫使敌方屈服为基本宗旨，因而军事威慑多于会战，真正以主力进行会战决定胜负的战争比较少。……对这类传统的追慕和借鉴，遂构成《孙子》兵学的理想境界：“不战而屈人之兵。”其他如言兵种而未提及骑兵、言“仁”而未尝“仁义”并称以及“舍事而言理”的论述风格，均突出体现了春秋的时代精神。种种情况表明，《孙子》全书打上了春秋晚期社会变迁、军事斗争艺术递嬗的深深烙印，它只能成书于春秋期间。

（节选自《〈孙子兵法〉的成书年代和作者》，黄朴民著）

Ⅲ

春秋战国时期发端的兵家思想，显示出丰富的思想内涵，其中又以孙武为代表的兵家学派最为著名，其代表著作《孙子兵法》被誉为世界古代第一兵书、兵学圣典、谋略奇书。此书从逻辑上可以分为三部分，即有关战略、战术和环境的论述。战略的原则是：必须先谋后战，以最小的代价获得胜利。战术的原则是：集中优势兵力，使用奇正之术，在同一时间，打击敌人的虚弱之处。环境的原则是：增加环境的正面影响，减少负面影响，从而增加己方的优势而获胜。全书的侧重点在用兵之术，其中最精华的十大计谋，不仅适用于战争，更是为人处世应当效仿借鉴的金律。可以说，孙子兵学思想的光芒超出了兵家范畴，大大丰富了中华文化的宝库。

（节选自《〈淮南子〉与〈孙子兵法〉的军事思想探析》，孟祥运著）

Ⅲ

《孙子兵法》十三篇是一个完整的系统。无论是考察战争、揭示规律，还是创新理论、阐明理念，都体现出鲜明的整体性、系统性的特征。他不是孤立地考察战争，不是单纯地总结几个互不联系的理论观点，而是注重从政治、经济、外交、国情、军情、地形诸方面的广泛联系中对战争问题进行宏观考察和系统梳理，从全局上、整体上思考问题、构建体系，从联系中探索规律，得出结论。从而形成了完整、系统且又开放的兵学理论体系。

……

前人曾分别从《孙子兵法》十三篇的篇章结构体系和孙子兵学理论体系进行研究分析，结果从不同路径得出了篇章结构和兵学理论都具有完整体系的相同结论。系统性是《孙子兵法》结构体系和理论体系的共同特征，每篇既各自立论、独立成章，且又篇篇相连，脉络一贯，浑然一体，全书的思想观点既迭进有序，又首尾呼应，表现出明显的系统性、整体性的特征。这一特征充分表明，《孙子兵法》具有的许多理论创新亮点，不是孤立的结论，而是融于系统中的经典。这部兵学巨著是系统创新的结晶，这是《孙子兵法》之所以享誉古今，蜚声中外，至今难以被后人企及，并始终保持鲜活生命力的关键因素。

（节选自《〈孙子兵法〉的创新特征》，张建设著）

在中国传统文化中，“道”是一个极其重要的概念。先秦诸子，无不论“道”，较之于儒、道诸家，兵家论“道”颇有不同。……自汉以降，学人对孙子“道”论的解读各不相同，基本限定在教令、仁义、道义和恩信等层面。而今学术界则更多地从政治和规律两个层面，较为笼统地解读孙子之“道”，但这种讨论并不充分……孙子“道”论，乃是孙子立足于战争实践，从国家大战略的角度出发，围绕着战争谋划、军队建设乃至国家发展等诸问题而涉及的一系列思想阐述，具有强烈的现实关切和浓厚的民本观念。总体而言，孙子侧重于从“治道”“人道”和“战道”三个层面来阐述“道”，基本涵盖治国之道、国君将帅德行素质、战争规律三个方面，其中治道与道义两个层面互为表里、相辅相成，而孙子对战争规律的阐发则是其对客观事物本质特征的深刻把握。

（节选自《〈孙子兵法〉“道”论考述》，黄朴民、诸葛瑞强著）

Ⅲ

《孙子兵法》充满朴素辩证法的思想，如“不尽知用兵之害者，则不能尽知用兵之利也”“军争之难者，以迂为直，以患为利”“是故智者之虑，必杂于利害。杂于利而务可信也，杂于害而患可解也”中，以知道用兵打仗极度耗费资源的弊端，推导出速战速决、以战养战等作战原则，就是辩证法的恰当准确应用。迂曲与近直，患与利都是可以互相转化的；思考问题必须考虑全面，杂于利害，这些都是孙子留给我们的宝贵财富。

（节选自《〈孙子兵法〉美学价值探析》，郑君山著）

我的兴趣与收获

1. 在这本书的阅读与探究过程中，我的兴趣是什么？

2. 在这本书的阅读与探究过程中，我的收获是什么？

3. 在阅读与探究过程中，还发现了什么新问题？

4. 在阅读与探究过程中，有些什么经验？哪些方法还需要改进？